高等学校通识课精品教材

质量文化导论

殷雪林　齐明辉　孙桂明　主编

·北京·

内容简介

本书对质量文化的概念和意义进行了介绍,阐述了质量文化建设的两个维度——追求卓越与引领创新;通过对质量与合规、质量与客户、质量与创新、质量与效率、质量与工匠精神的阐述,明确追求质量卓越与创新的思维和方法、工匠精神与质量强国的国家战略的连接。本书旨在引导学生对人生目标进行思考,激发学生的自驱力,从而设立高质量的人生目标;引导学生理解肩负的责任,树立正确的科学观和世界观;引导学生通过学习与实践不断提升自身领导力,最终成为国家和社会需要的高质量人才。

本书可作为高等院校质量文化相关课程的教材,也可供企事业单位推广质量文化参考使用。

图书在版编目(CIP)数据

质量文化导论/殷雪林,齐明辉,孙桂明主编.—北京:化学工业出版社,2022.7

高等学校通识课精品教材

ISBN 978-7-122-41311-6

Ⅰ.①质… Ⅱ.①殷… ②齐… ③孙… Ⅲ.①质量管理学-高等学校-教材 Ⅳ.①F273.2

中国版本图书馆 CIP 数据核字(2022)第 071963 号

责任编辑:徐雅妮
文字编辑:胡艺艺　陈小滔
责任校对:宋　夏
装帧设计:关　飞

出版发行:化学工业出版社
　　　　　(北京市东城区青年湖南街 13 号　邮政编码 100011)
印　　装:北京宝隆世纪印刷有限公司
710mm×1000mm　1/16　印张 10½　字数 173 千字
2022 年 10 月北京第 1 版第 1 次印刷

购书咨询:010-64518888
售后服务:010-64518899
网　　址:http://www.cip.com.cn

凡购买本书,如有缺损质量问题,本社销售中心负责调换。

定　价:49.00元　　　　　　　　　　　　　　　版权所有　违者必究

《质量文化导论》编委会

主编：

殷雪林　齐明辉　孙桂明

编写人员：

华东理工大学：
　齐明辉　任国宾
上海勃林格殷格翰药业有限公司：
　殷雪林　孙桂明　陶　珺　龚婉茹　胡玉莹
　许晓夏　缪金华　林燕清　朱润宇　陈　梁
　张文军　卢晓青　张　盛

前言

质量文化已成为我国社会发展的重要主题。

2017年,由中共中央、国务院印发的《关于开展质量提升行动的指导意见》中明确指出:"将质量教育纳入全民教育体系","推进高等教育人才培养质量,加强质量相关学科、专业和课程建设","推动建立高等学校、科研院所、行业协会和企业共同参与的质量教育网络","全面提高企业经营管理者、一线员工的质量意识和水平","将质量文化作为社会主义核心价值观教育的重要内容,加强质量公益宣传,提高全社会质量、诚信、责任意识,丰富质量文化内涵,促进质量文化传承发展"。

党的十九大报告中,也明确提出了"我国经济已由高速增长阶段转向高质量发展阶段……必须坚持质量第一、效益优先,以供给侧结构性改革为主线,推动经济发展质量变革……不断增强我国经济创新力和竞争力","把提高供给体系质量作为主攻方向,显著增强我国经济质量优势"等要求。

高等院校作为教育、教学供给侧,肩负着将质量文化夯实落地的重要责任。2019年,教育部《关于深化本科教育教学改革全面提高人才培养质量的意见》指出,要全面推进质量文化建设。2020年5月教育部办公厅《关于印发〈未来技术学院建设指南(试行)〉的通知》中指出,要全面落实学生中心、产出导向、持续改进的理念,建设大学质量文化。面向教育现代化的新时代背景,质量文化是教育改革的重要议题,高校作为国家重要的人才培养基地,开设质量文化相关课程,对于帮助大学生树立正确的科学观和世界观,落实新时代对质量文化的内在需求具有重要意义。

为了加强高校"质量文化"教育,华东理工大学药学院联合知名制药企业勃林格殷格翰在华子公司（2020年上海市浦东新区质量金奖获奖单位），于2017年起开展了"质量文化导论"课程的建设与实践，课程针对"质量强国"的国家发展战略，围绕质量文化建设的要素展开，结合国内外优秀质量管理体系及案例，旨在推动高校质量文化建设，培养国家需要的高质量人才。课程从2019年开课至今，广受学生好评。

2021年9月26日，国家教材委员会《关于印发〈"党的领导"相关内容进大中小学课程教材指南〉的通知》（国教材〔2021〕5号）强调"依据各学科内容体系和育人功能的不同要求和特点，综合运用多种载体形式，教育引导学生通过学习、实践、体验、感悟等形式，进一步提升对党的领导的认知认同，提升为党育人、为国育才的效果"。同时在文件中提到"结合各门课程特点，选择典型人物、科学史实等鲜活案例素材，以及在党的领导下取得的脱贫攻坚、遏制疫情等重大发展成就和载人航天、载人深潜、北斗导航、量子通信等重大科技成果，体现党的领导的重大意义，引导学生矢志跟党走，树立投身于中华民族伟大复兴实践的坚定志向"。

在此背景下，"质量文化导论"课程的教师团队基于对课堂授课内容的凝练和理论总结，并补充典型的案例素材及分析等内容，编写了《质量文化导论》，拟作为课程教材使用。教材设计契合时代主题，以"质量文化"为主线，以"激发学生树立正确的科学观和世界观"为目标，书中引入我国改革开放发展成就（如北斗导航等），并介绍袁隆平、陈薇等先进人物的事例，引导学生将个人发展与国家的发展相结合，树立高质量的人生目标，立志成为担当民族复兴大任的时代新人。

殷雪林、任国宾、齐明辉、孙桂明全程参与了本书的策划、编写、修订和审核工作，上海勃林格殷格翰药业有限公司许晓夏、缪金华、林燕清、胡玉莹、龚婉茹、陶珺等负责部分章节的编写。

本书的策划、编写和出版得到了华东理工大学王慧锋副校长、教务处黄婕处长、药学院宋恭华院长等领导的大力支持，在此表示衷心的感谢！

限于编者水平，书中难免存在不足之处，敬请广大读者批评指正。

编者
2022年6月

目录

第1章　质量文化概述　/ 1

1.1 质量文化的内涵 …………………………………… 2
    1.1.1　质量管理的发展历程 …………………… 2
    1.1.2　质量的定义 ……………………………… 5
    1.1.3　质量管理的代表人物 …………………… 6
    1.1.4　组织文化的定义 ………………………… 10
    1.1.5　质量文化 ………………………………… 11
1.2 质量文化的建设 …………………………………… 13
    1.2.1　质量文化建设的两个维度 ……………… 13
    1.2.2　质量文化建设的几个方面 ……………… 17
1.3 新时代背景下质量文化的意义 …………………… 18
1.4 质量文化与当代大学生的个人发展 ……………… 19
    1.4.1　开设质量文化课程的意义 ……………… 19
    1.4.2　大学生如何学习和践行质量文化 ……… 20
    1.4.3　学习质量文化对大学生的深远影响 …… 21
参考文献 ………………………………………………… 22

第2章　质量与合规　/ 23

2.1 什么是合规 ………………………………………… 24
    2.1.1　法律合规 ………………………………… 24

	2.1.2　EHS 合规	25
	2.1.3　质量合规	28
2.2	质量与合规的联系	30
2.3	QbD 理念	31
	2.3.1　质量源于检测	31
	2.3.2　质量源于生产	33
	2.3.3　质量源于设计	34
2.4	质量管理	37
	2.4.1　质量管理体系的概况	37
	2.4.2　质量管理体系的关键要素	40
2.5	当代大学生的质量与合规意识	51
	2.5.1　质量与合规意识是成才的根基	51
	2.5.2　如何在大学阶段树立质量与合规意识	53
参考文献		54

第 3 章　质量与客户　/ 57

3.1	谁是客户	58
3.2	识别客户需求	59
	3.2.1　客户需求层次	59
	3.2.2　理解客户需求	61
3.3	客户需求对质量的引领作用	63
	3.3.1　客户需求是质量的核心	63
	3.3.2　客户需求的持续变化	64
3.4	完成高质量交付	66
	3.4.1　客户管理流程	67
	3.4.2　交付质量维度	69
3.5	大学阶段的客户需求	70
参考文献		73

第 4 章　质量与创新　/ 75

4.1	什么是创新	76

4.1.1　从无到有的创新 ································ 76
　　　4.1.2　从有到优的创新 ································ 77
　　　4.1.3　重新定义的创新 ································ 77
　　　4.1.4　重新组合的创新 ································ 78
4.2　创新与质量的关系 ·· 78
　　　4.2.1　创新是社会进步的动力 ···················· 79
　　　4.2.2　创新是企业发展的活力 ···················· 79
4.3　全面质量与创新 ·· 80
　　　4.3.1　设计质量的创新 ································ 81
　　　4.3.2　制造质量的创新 ································ 83
　　　4.3.3　市场质量的创新 ································ 85
　　　4.3.4　品牌质量的创新 ································ 86
4.4　创新和高质量人生 ·· 89
　　　4.4.1　不走寻常路的创新 ···························· 89
　　　4.4.2　落地和平凡的创新 ···························· 90
　　　4.4.3　创新者具有的特质 ···························· 93
　　　4.4.4　创新是大学生实现高质量人生的第一动力 ············· 94
参考文献 ··· 96

第5章　质量与效率　/ 97

5.1　质量与成本及效率之间的关系 ······················· 98
5.2　"一次正确"的意义及重要性 ························ 102
　　　5.2.1　"一次正确"的思维模式：理解"Why"的力量 ············ 103
　　　5.2.2　"一次正确"的实践方法和技巧 ······ 104
5.3　"二次正确"的意义及重要性 ························ 110
　　　5.3.1　"二次正确"的思维模式：从失败中学习 ··············· 110
　　　5.3.2　"二次正确"的实践方法和技巧 ······ 112
5.4　持续改善 ··· 115
5.5　提升质量和效率是大学生成才的关键要素 ···· 118
　　　5.5.1　效率创造不同的人生 ························ 118
　　　5.5.2　如何做到高效学习 ···························· 119
参考文献 ··· 121

第6章 质量与工匠精神 / 123

- 6.1 质量强国的时代背景 ·············· 124
- 6.2 什么是工匠精神 ·············· 125
  - 6.2.1 工匠精神的定义 ·············· 125
  - 6.2.2 工匠精神的特征 ·············· 129
- 6.3 工匠精神助力质量强国 ·············· 133
  - 6.3.1 工匠精神与质量追求 ·············· 133
  - 6.3.2 工匠精神与质量文化 ·············· 134
  - 6.3.3 工匠精神与中国创造 ·············· 135
- 6.4 当代大学生与工匠精神 ·············· 138
  - 6.4.1 大学生为什么需要培养工匠精神 ·············· 138
  - 6.4.2 大学生如何培养工匠精神 ·············· 139
- 参考文献 ·············· 141

第7章 当代大学生高质量人生的起跑线 / 143

- 7.1 高质量人才的标准 ·············· 144
- 7.2 高质量人生的设计 ·············· 144
- 7.3 高质量人生的实现 ·············· 146
  - 7.3.1 理想与目标 ·············· 146
  - 7.3.2 能力的发展 ·············· 147
  - 7.3.3 终身成长的思维 ·············· 151
  - 7.3.4 改变世界,从改变自己开始 ·············· 153
- 参考文献 ·············· 155

第 1 章

质量文化概述

2020年11月发布的《中共中央关于制定国民经济和社会发展第十四个五年规划和二〇三五年远景目标的建议》提出，"以推动高质量发展为主题"，"坚定不移建设制造强国、质量强国、网络强国、数字中国，推进产业基础高级化、产业链现代化，提高经济质量效益和核心竞争力"，"坚持扩大内需这个战略基点，加快培育完整内需体系，把实施扩大内需战略同深化供给侧结构性改革有机结合起来，以创新驱动、高质量供给引领和创造新需求"。

为实现"制造强国""质量强国""中华民族伟大复兴"的发展目标，需要全社会关注质量。质量文化已成为我国社会发展的重要主题。

1.1 质量文化的内涵

质量是人类经济社会不断发展的永恒主题，是一个国家综合实力的体现。

从质量管理的发展历程来看，随着社会生产力的发展、科学技术和社会文明的进步，质量的含义也在不断丰富和扩展。不同的学者与组织，为"质量"赋予了不同的定义。

1.1.1 质量管理的发展历程

质量管理是随着社会的进步而发展的，首先我们一起来了解质量管理的百年发展历程。

工业革命前，产品的质量由各个工匠或手艺人自己控制。

19世纪末20世纪初，人类跨入工业化时代，泰勒制（Taylorism）诞生，可以说这是科学管理的开端。泰勒（Frederick Winslow Taylor）将科学方法运用于企业管理中，使作业标准化、规范化，进而提高生产效率，因此泰勒制也被称为科学管理。泰勒提出在人员中进行科学分工的要求，加入一个检验环节，以便监督和检查产品，这就是最初的质量管理——检验活动与其他职能分离，出现了专职的检验员和独立的检验部门。

1925年，现代质量管理的奠基者沃特·阿曼德·休哈特（Walter A. Shewhart）提出统计过程控制（Statistical Process Control，SPC）理论——应用统计技术对生产过程进行监控，以减少对检验的依赖。休哈特成功地将统计学、工程学和经济学结合在一起，开创了统计质量控制的新领域，被人们尊称为"统计质量控制之父"。

1930年，道奇（H. F. Dodge）和罗明（H. G. Roming）提出统计抽样检验方法，他们发明的对批量产品进行计数抽样的计划表，广泛用于工业方面的抽样检验。

20世纪40年代，美国贝尔电话公司应用统计质量控制技术取得成效。

1941—1942年，美国军方制定了战时标准Z1.1、Z1.2、Z1.3——最初的质量管理标准。3个标准分别以休哈特、道奇、罗明的理论为基础。

20世纪50年代，戴明（W. Edwards Deming）提出质量改进的观点——在休哈特之后系统和科学地提出用统计学的方法进行质量和生产力的持续改进，强调大多数质量问题是生产和经营系统的问题，强调最高管理层对质量管理的责任。此后，戴明不断完善他的理论，最终形成了对质量管理产生重大影响的"戴明十四要点"。

1958年，美国军方制定了MIL-Q-8958A等系列军用质量管理标准，提出了"质量保证"的概念，并对西方工业社会产生影响。

20世纪60年代初，朱兰（Joseph M. Juran）、费根堡姆（Armand Vallin Feigenbaum）提出全面质量管理（Total Quality Management，TQM）的概念，指出为了生产具有合理成本和较高质量的产品以适应市场的要求，只注意个别部门的活动是不够的，需要对覆盖所有职能部门的质量活动进行策划。全面质量管理将质量定义为产品和服务在市场营销、工程、制造、维护等各个方面的综合特性，并通过这些特性，来满足顾客的期望。

朱兰、费根堡姆的全面质量管理理论在日本被普遍接受。日本企业创造了全面质量控制（Total Quality Control，TQC）的质量管理方法。统计技术，特别是"因果图""流程图""直方图""检查单""散点图""排列图""控制图"等被称为"老七种"的工具方法，被普遍用于质量改进。

20世纪60年代中期，北大西洋公约组织（NATO）制定了AQAP质量管理系列标准。AQAP标准以MIL-Q-8958A等质量管理标准为蓝本，所不同的是，AQAP引入了设计质量控制的要求。

20世纪70年代，TQC使日本企业的竞争力显著提高，其中轿车、家用电器、手表和电子产品等占领了大批国际市场，因此促进了日本经济的极大发展。日本企业的成功，使全面质量管理的理论在世界范围内产生巨大影响。这一时期诞生了石川馨、田口玄一等世界著名质量管理专家，产生的管理方法和技术包括：

JIT——准时化生产；

Kanben——看板生产；

Kaizen——质量改进；

QFD——质量功能展开；

田口方法——新七种工具（关联图、KJ法、系统图、矩阵图、矩阵数据分析、过程决策程序图以及箭条图）。

日本质量管理学家对质量管理理论和方法的发展做出了巨大贡献。

1979年，英国制定了国家质量管理标准BS 5750——将军方合同环境下使用的质量保证方法引入市场环境。这标志着质量保证标准不仅能影响军用物资装备的生产，还对整个工业界产生影响。

20世纪80年代，"零缺陷之父"菲利浦·克劳士比（Philip B. Crosby）推出《质量免费》一书，指出"质量是免费的"，高质量将给企业带来高的经济回报，突破了传统上认为高质量是以高成本为代价的观念。书中提到"如果质量仅仅被当作是一个控制系统，那么它永远不会得到实质性的改进；质量不仅仅是一个控制系统，它更是一个管理功能"。

此后，质量运动在许多国家开展，包括中国、美国、欧洲等许多国家和地区设立了国家质量管理奖，以激励企业通过质量管理提高生产力和竞争力。质量管理不仅被引入生产企业，还被引入服务业，甚至引入医院、机关和学校。许多企业的高层领导开始关注质量管理，全面质量管理作为一种战略管理模式进入企业。

1987年，ISO 9000系列国际质量管理标准问世，该标准很大程度上基于前文介绍的BS 5750标准，质量管理与质量保证开始在世界范围内对经济和贸易活动产生影响。

1988年摩托罗拉公司因创立六西格玛管理而成为美国第一个马尔科姆·波多里奇（Malcolm Baldrige）国家质量奖（由美国国会为表彰和鼓励美国商界在质量上的努力而设立）得主，六西格玛质量管理理念开始受到广泛关注。

1994年，ISO 9000系列标准改版，新ISO 9000标准更加完善，为世界绝大多数国家所采用。随之，第三方质量认证普遍开展，有力地促进了质量管理的普及和管理水平的提高。

20世纪90年代末，全面质量管理成为许多世界级企业的成功经验，证明这是一种使企业获得核心竞争力的管理战略。质量的概念也从狭义的"符合标准"发展到以"顾客满意"为目标。全面质量管理不仅提高了产品与服务的质量，而且在企业文化改造与重组的层面上，对企业产生深刻的影响，使企业获得持久的竞争能力。

21世纪初,随着知识经济的到来,知识创新与管理创新极大地促进了质量的迅速提高,包括生产和服务的质量、工作质量、学习质量,直至人们的生活质量。质量管理的理论和方法将更加丰富,并将不断突破旧的范畴而获得新的发展。朱兰博士提出:"21世纪是质量的世纪。"

1.1.2 质量的定义

质量的定义体现了各个历史阶段人们对于质量管理的研究结果。伴随着质量管理的发展,质量的理念经历了符合性质量、适用性质量、满意性质量和卓越质量四个发展阶段,由过程控制为中心的卖方主导的质量,发展为以顾客满意为中心的买方主导的质量,进而成为追求差异化的竞争性质量。随着时代的进步,质量的内涵在不断创新和完善,从产品质量向多领域质量覆盖。如今,质量已成为企业和国家发展经济、提升竞争力的战略要素。

符合性质量。20世纪40年代,符合性质量以符合现行标准的程度作为衡量依据,"符合标准"就是产品的质量合格,符合的程度反映了产品质量的水平。

适用性质量。20世纪60年代,适用性质量概念以适合顾客需要的程度作为衡量的依据,从使用的角度定义产品质量,认为质量就是产品的"适用性"。朱兰博士认为质量是"产品在使用时能够成功满足用户需要的程度"。朱兰博士也不是一开始就想到"适用性"这个概念,最初他对质量的定义也是产品质量达到规格要求。他曾说过,质量管理是为了达到质量规格而采用的管理体系。显然,后来提出的"适用性"这一概念比早期的"达到规格"的标准要高了很多,不再仅仅将应用统计学工具来评判规格是否达标作为质量管理的目标,而是将如何满足顾客的主观需求作为至上目标。由此,质量的概念得到了进一步的深化和延伸。

满意性质量。20世纪80年代,质量被定义为"一组固有特性满足要求的程度"。它不仅包括符合标准的要求,而且以顾客以及相关方满意为衡量依据,体现"以顾客为关注焦点"的原则。

卓越质量。20世纪90年代,随着全面质量管理的推行,逐步确定了全新的卓越质量理念。卓越质量是以最低的成本、最高的效率实现顾客价值最大化,从而取得最佳经营绩效的质量。卓越质量是在满足符合性、适用性、满意性的基础之上,使顾客惊喜的个性化质量,它不仅关注组织对顾客需求的识别与满足程度,也关注组织在实现产品或者服务质量的过程中的成本效率与经营绩效。卓越质量的实质是为顾客提供卓越的、富有魅力的质量,从而赢得顾客,在竞争中获胜。

从质量的内涵看质量的定义,可以分为狭义的质量和广义的质量。

(1) 狭义的质量

最初人们对于质量的定义是产品"符合标准"。过去的企业质量管理以检验为中心,将检验作为一种管理职能从生产过程中分离出来,建立专职的检验部门。通过给产品设定相应的标准,由检验人员按照标准对产品的符合性进行检验。符合标准就合格,就是高质量;不符合标准就是不合格,就拒收。因此,狭义的质量即是产品的符合性质量。在这种狭义的质量概念中,卖方占据了强势的主导地位,但即使其生产出来的产品"质量"非比寻常,也可能并未打动消费者,因为狭义的质量忽略了买方的需求。

(2) 广义的质量

在竞争日益激烈的当下,若要保持产品的市场竞争力,"质量"就不仅仅是符合设定的标准那么简单了,显然不能忽视其中最重要的买方需求。适用并满足顾客的需求,就是广义的质量的定义。

从"符合性"到"适用性",反映了人们在对质量的认识过程中,逐渐把顾客需求放在首要位置。市场需求是多方面的,企业只有对产品质量形成的各个环节实施控制,才能确保影响产品质量的所有因素都符合要求,进而生产出合格的产品。

本书中所讲的质量,是广义的质量。

20世纪90年代,质量活动逐渐扩展到服务领域,包括学校和医院等非营利机构,质量几乎成为每个组织追求成功的驱动力。质量不仅仅指产品的质量,也包括服务的质量、环境的质量、工作的质量、学校的教学质量、政府的管理质量乃至人生的发展质量等等。今天,质量正在以新的更充满希望的方式施展其自身的本领,质量将无处不在,融入社会的方方面面。

1.1.3 质量管理的代表人物

在质量管理发展过程中,有三位质量管理大师做出了重要的贡献,他们分别是戴明、朱兰和克劳士比。他们有许多与质量相关的专著,直到今天还对我们有指导意义,其中传播较为广泛的有戴明的《转危为安》、朱兰的《朱兰质量手册》、克劳士比的《质量免费》等,这些巨著被公认为质量与管理科学中的代表作。

(1) 威廉·爱德华兹·戴明

戴明（图 1-1）因 PDCA（Plan-Do-Check-Act）循环被世人熟知，同时他对日本二战后制造业质量腾飞起到很大作用。以戴明命名的"戴明奖"，至今仍是日本质量管理的最高荣誉。

戴明领导了席卷全球的质量革命，被誉为"质量管理之父"。他的著作《转危为安》被翻译成多国语言，广为流传。戴明的学说简洁易明，其主要观点"十四要点"（Deming's 14 Points）成为 20 世纪全面质量管理的重要理论基础。"十四要点"的核心是：目标不变、持续改善和知识渊博。

戴明博士最著名的是他在日本的成就，他从 1950 年起多次为日本企业高层主管和工程师开设质量管理课程，他的教导对日本的经济发展有显著的提升。日本的科学技术

图 1-1　威廉·爱德华兹·戴明
（W. Edwards Deming）

联盟（JUST）为感谢戴明的贡献，设立年度"戴明奖"，表彰对产品质量和可靠性有功劳的人员，后来"戴明奖"成为世界三大质量奖项之一。1960 年日本天皇颁给戴明二等瑞宝勋章。

图 1-2　约瑟夫·莫西·朱兰
（Joseph Moses Juran）

戴明博士在日本取得的成就帮助他提高了在美国的影响力，他的质量管理方法对于美国制造业和服务业影响深远，他领导的质量革命席卷美国。1987 年美国总统里根向戴明博士颁发了"国家技术（工程）奖章"。1988 年他获得美国国家科学院颁发的"杰出科学事业成就奖"。

(2) 约瑟夫·莫西·朱兰

朱兰博士（图 1-2）是现代质量管理的领军人物。朱兰提出了"质量即适用性"的概念，强调了顾客导向在质量管理中的重要性。他将毕生的精力投入到质量管理中并取得了巨大的成就，被誉为质量领域的

"首席建筑师""质量之父",在日本经济复兴和质量革命中的成就也受到高度的评价。

1951年,被誉为"质量管理领域的圣经"的《朱兰质量手册》第1版出版,为朱兰赢得了国际威望。1979年,朱兰创立了朱兰学院,如今朱兰学院已成为世界领先的质量管理咨询公司。

朱兰在82岁高龄时发表了一篇著名论文《质量三部曲》,其副标题为"一种普遍适用的质量管理方法",这就是被世界各国广为推崇的"朱兰三部曲",即质量策划、质量控制和质量改进。

(3) 菲利浦·克劳士比

克劳士比(图1-3)致力于"质量管理"哲学的发展和应用,被誉为"最伟大的管理思想家""零缺陷之父""世界质量先生"。他开创了现代管理咨询在质量竞争力领域的新纪元,被美国《时代》杂志誉为"20世纪伟大的管理思想家"。更重要的是,克劳士比率先提出的"第一次就做对"的理念,掀起了一个时代自上而下的零缺陷运动,并引发了全球源于生产制造业继而扩大到工商业所有领域的质量运动,创造了其独有的词汇,其中"零缺陷""符合要求"的质量定义以及"不符合要求的代价"等均出自他的笔下。

图1-3 菲利浦·克劳士比
(Philip B. Crosby)

克劳士比非常想让人知道质量的定义是符合要求,而不是好;质量管理的重心是预防,而不是检验和补救;工作的标准是零缺陷,而不是差不多就好;质量的衡量要用金钱和代价,而不是各种基于妥协的指标。克劳士比所说的质量不仅仅是质量部门的质量,而是完整性的质量。

克劳士比改变了管理者的思维方式,并且帮助他们认识到质量是竞争优势,而且这种优势会成为市场壁垒。他用掷地有声的语言征服了西方社会,改变了世界众多企业理解质量和管理质量的方式。

深入研究三位大师的管理理念,可以发现他们的质量管理思想有着惊人的相似之处。在对质量内涵的理解上,三位大师都认为质量不仅仅意味着相应的规格和标准,更意味着顾客的需求;质量不能完全依赖检验,主要的质量问题源自系统,而不是源自工人。在质量与成本方面,从不同角度论证了高质量不但不会导致高成本,反而会降低成本、提高生产能力的观点。三位大师都提出质量改进是一个系统性的持续过程,而不是头疼医头、脚疼医脚和一朝一夕的短期工作。他们强调质量改进应该打破部门隔阂,在把企业当作一个整体的条件下进行。三位大师都强调质量管理过程中"人"的重要性,都反对见物不见人的传统质量观。

戴明认为,真正的质量是立足于用户需求,追求不断提高用户满意程度而形成的。克劳士比认为质量要符合要求,而这个要求就是用户的需求。戴明和克劳士比更多地从哲学角度来阐述质量问题,并主张公司应将质量作为一种概念来接受。而朱兰一直致力于质量体系的计划与实施,他的研究范畴侧重于质量管理的方法论,他提出了质量的"适用性"概念。这三位大师以及他们运用各自的聪明智慧提出的质量管理思想,都为质量管理的发展做出了巨大贡献。

(4) 阿曼德·费根堡姆

除了上述三位大师,还有一位大师级的质量专家对质量的发展也做出了巨大的贡献,他就是通用公司的阿曼德·费根堡姆。阿曼德·费根堡姆(图1-4)是全面质量管理的代表,在1961年出版了《全面质量控制》一书,标志着全面质量管理时代的开始。他主张用系统或者说全面的方法管理质量,在质量管理过程中要求所有职能部门参与,要求在产品形成的早期就建立质量体系,而不是在既成事实后再做质量的检验和控制。他强调全体员工都应参与质量控制,将质量控制扩展到产品生命周期的全过程。

图1-4 阿曼德·费根堡姆
(Armand Vallin Feigenbaum)

费根堡姆1983年出版的《全面质量管理:工程和管理》一书中阐述了全面质量管理的概念。他认为全面质量管理就是要"始于识别顾客的需要,终于满足顾客的需要"。所以全面质量管理的核心要求是使顾客持续满意,这种满意性质量管理以顾客为中心,不仅要满足顾客对产品质量、价格、服务的要求,还要满足顾客个性化需求和风土人情、心态习惯的需求。企业应主动满足顾客需求,甚至在顾客还没想到时,就超前考虑顾客需求,顾客满意后,企业和组织所有成员及社会受益,从而达到长期成功的目的。

1.1.4　组织文化的定义

"组织文化理论之父"埃德加·沙因（Edgar H. Schein）在《组织文化与领导力》一书中提出了文化本质的概念，"文化是一个群体的共同属性，只要一个群体具备足够多的共同经验，文化就会开始形成。在组织内部的任何层级中都会有文化的存在，由于从业人员共同的职业背景，文化甚至也会存在于整个行业中"。

文化之所以重要，是因为它力量强大，并且常常以无意识的方式存在，同时也决定着个体和群体行为、知觉方式、思维模式及价值观念。而组织文化至关重要是因为这些文化要素决定了组织的发展战略、目标和运营模式。

埃德加·沙因对组织文化的形成提出了独创的见解，他认为组织文化分成可见部分、价值观和深层假设三个层次。

(1) 可见部分

组织文化的可见部分是文化的表层，指人们互动时观察到的行为规范、人们使用的语言、相互的习俗和传统，以及他们在各种情境下采用的仪式等。如员工的着装和行为模式、组织内的标志、组织的仪式、管理制度等。组织文化可见部分的内容非常明确，并且具有即时的情绪影响力，不仅影响着组织内部人员，外部人员也大多通过可见部分来感知组织的文化。企业通常通过加强可见部分来塑造和强化组织文化，如在组织内张贴文化的标语、规范员工的行为模式和着装等。

(2) 价值观

每个组织都有特定的价值观，正是这些价值观营造出了组织当前的形象。员工入职时往往会收到一些描述组织的行为准则、伦理规范、企业文化等材料，这些材料反映了组织的基本价值观，例如正直、诚信、团队合作、客户导向、合规是企业的根本、质量人人有责等。

(3) 深层假设

深层假设是指组织往往有一些更深层次的思想或观念在主导外在的行为，如果想要真正地理解组织文化，就必须去破译这些更深层次的文化密码。深层假设通常是由历史、地域的原因和高层领导个人的因素等带来的，其影响常常更大。比如华为核心价值观的形成，与公司在初期面临的巨大危机有关，可能也与任正非个人的过往经历有关。

以华为公司为例，在以往的媒体宣传中，外界总认为华为的企业文化就是总裁任正非的众多管理思想,例如"狼性文化""军事化管理"等一系列新式的企业管理文化,集中体现在"华为基本法"中。实际上,在全球化运营的发展时期,华为真正的企业文化在于其核心价值观。华为2012年总结了"以客户为中心,以奋斗者为本"的企业文化,企业运行也是围绕着以客户为中心。

组织文化建设的目的是使其成为促进组织发展的推动力和集合正能量的黏合剂,让组织内的不同群体相互借鉴、相互尊重、相互理解,最终融合为一体。良好的组织文化有助于组织统一思想与价值观,先进的组织文化能够指引人的心灵,助力组织立于不败之地。

1.1.5 质量文化

上文介绍了质量的定义和组织文化的定义,那"质量文化"又是什么概念呢?作为一个解释当代质量实践活动的基本概念,国家层面上"质量文化"的含义是指"以近现代以来的工业化进程为基础,以特定的民族文化为背景,群体或民族在质量实践活动中逐步形成的物质基础、技术知识、管理思想、行为模式、法律制度与道德规范等因素及其总和"。

《哈佛商业评论》(*Harvard Business Review*)将"真正的质量文化"定义为一种环境,在这种环境中,员工不仅要遵循质量准则,而且要始终如一地看到他人采取以质量为中心的行动、听到他人谈论质量并感受周围的质量氛围。

深圳大学中国质量经济发展研究院院长刘伟丽在2018年发表的文章《质量文化助推高质量发展》中描述到,"质量文化是指一个关注质量的组织所倡导的、通过满足顾客和其他相关方的需求和期望来实现其价值的文化,这种文化反映在该组织的习惯、信仰、理念以及被观察到的行为和态度当中,是组织文化、企业文化的重要组成部分。每一个组织发展到一定阶段,都会产生并形成自己独特的质量文化"。

良好的质量文化表现为质量和运营目标的一致性,工作团队专注于持续改进和自我激励,并将质量观念融入员工的日常工作。员工敢于指出错误并提出改进建议,每个人都了解其工作的重要性,并能尊重彼此和上级。

2012年美国食品药品监督管理局(FDA)开始关注企业的质量文化,并探索如何衡量药品生产企业的质量文化。FDA认为质量文化建设的关键,除了体系的保证,更重要的是人的因素,万事离不开人——对配方工艺的科学认知是人的认知,生产控制本质上是人对机械的控制,质量体系是由人建立的,也靠人来运行。如何将人的因素与配方工艺、生产体系和质量体系联系起来，才是质量文化建设的重要内容。

综上所述，质量文化是组织对质量进行不断探索、思考后形成的一种质量观念、行为和决策共识。质量文化的概念天然地体现着20世纪以来工业文明的特征，继承了当代质量实践活动的主流价值观念——全面质量管理思想的绝大多数精髓，并突破了20世纪80年代以来在西方发达国家所广泛关注与研究的企业文化的界限。

我国改革开放40多年，在发展的历史中，逐步认识到质量的重要性，从发展初期的追求速度，逐步过渡到现在重视质量的时代。在市场经济条件下，组织、企业的质量文化建设是一个系统工程，需要对所在组织的质量管理体系、制度、机制进行建立和完善，具体而言包括质量管理体系的总体要求、合理的质量计划、健全的质量管理制度、可行的质量管理工具和方法、对质量管理结果的统计分析等等；还包括对组织人员的要求，对相关人员的能力培训，以及组织所有人员建立关于质量和质量管理的理念与价值观、习惯与行为模式。

今天的中国站在百年未有之大变局的转折点上，顶层设计再次对未来经济的发展方向给出明确指引：推动中国制造向中国创造转变、中国速度向中国质量转变、中国产品向中国品牌转变。大力弘扬先进质量文化，总结推广先进经验，在全社会为建设质量强国营造良好环境和氛围。

为更好地贯彻这一国家战略，由国家质量监督检验检疫总局（简称国家质检总局，现国家市场监督管理总局）提出并经国务院批准的"中国质量奖"于2012年正式设立，该奖项代表着中国质量领域的最高荣誉，表彰在质量管理模式、管理方法和管理制度领域取得重大创新成就的组织和个人，对我国各行业的质量管理具有标杆作用，其地位等同于日本的"戴明奖"、美国的"波多里奇国家质量奖"和欧洲的"欧洲质量奖"。自设立以来，一众蜚声海内外的知名企业如中国航天科技集团、海尔集团公司、华为投资控股有限公司、株洲中车时代电气股份有限公司、上海振华重工（集团）股份有限公司、中国航天科工防御技术研究院、珠海格力电器股份有限公司、潍柴动力股份有限公司、中国商用飞机有限责任公司上海飞机设计研究院总体气动部总体布置班组、京东方科技集团股份有限公司等先后出现在获奖名单中。

为了进一步营造质量发展的理念，依靠质量创造市场竞争优势，增强我国核心竞争力，从2014年开始，由国家质检总局联合地方政府，举办中国质量大会，邀请全球各界质量专家共同探讨质量发展议题。2014年9月15日，首届中国质量（北京）大会在北京举行。这是在中国第一次召开国际性的质量大会，国务院总理李克强出席并讲话。会议以"质量、创新、发展"为主题，具有很强的现实意义。这是一次具有历史性意义的质量盛会，是一次动员走进"质量时代"的大会，向全世界宣示中国政府高度重视质量、切实抓好质量的决心和信心。随后，又分别于2017年、2019年、2021年举办了主题为"质量：改善供给 引领未来""质量 变革 共享""质量 数字 绿色 融合"的三届中国质量大会。

在当前新时代、新经济、新常态的背景下，高质量已成为我国经济发展的根本要求和组织转型升级的重要动力。可以说，质量文化是新时代的最新课题，也是国家或地区借助于文化力量振兴经济竞争力的强大武器。我们需要建设先进的质量文化，助力质量强国。

1.2 质量文化的建设

国务院于2015年印发《中国制造2025》战略文件，强调"创新驱动、质量为先、绿色发展、结构优化、人才为本"，明确提出了坚持把创新摆在制造业发展全局的核心位置，走创新驱动的发展道路；坚持把质量作为建设制造强国的生命线，强化企业质量主体责任，加强质量技术攻关、自主品牌培育。建设法规标准体系、质量监管体系、先进质量文化，营造诚信经营的市场环境，走以质取胜的发展道路。

1.2.1 质量文化建设的两个维度

质量文化建设主要体现在以下两个维度上。

其一是追求卓越，即对质量的不懈追求，使产品和服务超越顾客的期望；同时尽可能地防止错误的发生，从而最大化地降低成本，满足客户的需求。

其二是引领创新，即不墨守成规，主动出击，在满足客户需求的基础上去创造新的价值，进而引领客户的需求。

(1) 追求卓越的质量文化

美国著名质量管理专家、全面质量管理的创始人阿曼德·费根堡姆先生曾说过："质量是一种道德规范，把追求卓越视为光荣。"

质量大师朱兰对于追求质量卓越曾作出如下阐述："追求高质量的产品和服务的组织可以从两个方面获益。其一，其产品和服务优于竞争对手而更加畅销，带来更高的销售额、更低的成本和更强的盈利能力，从而对财务业绩产生影响。其二，对于质量的不懈追求带来了文化的转变，这源于组织在消除不良质量、过程浪费和顾客不满方面持续取得的成功。这种转变不是偶然发生的，它是组织在质量方面精益求精并实施系统化的方法论的结果。"

质量卓越必须以顾客的需要和顾客所寻求的益处为基础。质量卓越通常可以转化为更高的市场份额，可以为使用者带来经济效益的丰收，也更易于被顾客理解和接受。

在追求质量卓越方面，丰田的质量管理给了我们很好的启迪。丰田基于"为顾客提供最方便和最有效的服务"的理念，于八十年代借助于石油危机的机遇，主打其汽车省油的特点迅速占领美国市场，经过多年的改进和完善，建立了世界知名的丰田生产系统（Toyota Production System，TPS），也就是精益生产系统，而全面质量管理是其实施精益生产的重要途径。

丰田的全面质量管理包含两层意思。第一是指产品生产"全过程"的质量管理，包括产品规划、产品设计、试制、试验、生产准备、批量投产、产品制造质量检查、销售服务这些阶段，每个阶段都有严格的质量要求和检查规定，目的是为用户提供高质量的产品。第二是指由全体员工参与的"全员管理"，在整个质量管理推行的过程中，充分发挥全体员工的积极性与能动性。"全员"不仅仅指企业的全体人员，而且包括整个公司、整个系统及其所属的一切部门。这种全员参与，使得质量管理覆盖到企业的每一个角落，任何部门、任何个人都需要注重提高自己工作的质量、提高产品的质量。

欧美企业的质量管理主要是依靠专家的作用，而丰田的质量管理涉及各个部门、各个阶段，通过全面质量管理获得了卓越的质量。正是丰田对质量卓越的不懈追求，带来了其质量文化的转变，促使丰田打败美国企业，后来居上，成为全球卓越的公司。

从丰田的例子可以看出，一个公司能否成为质量卓越的公司，取决于它的领导者是否具有追求质量卓越的思维，同时需要公司具有完善的质量体系，培养员工的质量意识和质量能力，如分析问题、解决问题、质量决策等方面的能力。

(2) 引领创新的质量文化

习近平总书记指出"在激烈的国际竞争中，惟创新者进，惟创新者强，惟创新者胜"。

质量提升的过程中会遇到各种新情况、新问题，沿用老方法、老思路显然是不行的,必须勇于创新、敢于突破。

苹果触摸式智能手机的发展,就是引领创新的体现。在 iPhone 诞生的 2007 年,全球手机市场四强还由诺基亚、摩托罗拉、三星和 LG 占据。初代 iPhone 并不是首款智能手机,只不过 iOS 与安卓系统出现之前,市面上所谓的"智能手机"并非真的智能。iPhone 发布会演示现场,当乔布斯在屏幕上滑一下就能滚动列表,单击网址就能打开网页,这种操作的流畅性,让人们真正开始崇尚智能手机。从根本上来说,乔布斯最先变革的是用户体验,这款触屏智能手机将浏览器、音视频播放器、接打电话等各种功能完美地融合到了一起,也由此开启了智能手机的黄金时代。

苹果的成功得益于其设计理念中的"完美的交互设计",其中 iOS 系统的设计便是它的极致体现。设计师关注的是作为用户应该需要哪些功能与体验,在这其中放弃了作为"设计师"的观点,而是站在受众的角度为设计的美学而考虑。苹果触摸式智能手机的发展提示我们,要不断创新,将美好的事物呈现给客户,挖掘并引领客户的需求。

2020 年习近平总书记在经济社会领域专家座谈会上的讲话中强调:以科技创新催生新发展动能;实现高质量发展,必须实现依靠创新驱动的内涵型增长;我们更要大力提升自主创新能力,尽快突破关键核心技术。这是关系中国发展全局的重大问题,也是形成以国内大循环为主体的关键。

对此,人民日报发表评论指出,创新是引领发展的第一动力,科技是战胜困难的有力武器。中国已跃居世界第二大经济体,但科技创新基础还不够牢,自主创新特别是原创力还不强,关键领域核心技术受制于人的格局未从根本上改变。只有大力推动科技创新,加快关键核心技术攻关,才能下好先手棋、打好主动仗,把竞争和发展的主动权牢牢掌握在自己手中,重塑中国国际合作和竞争新优势。

我国北斗导航系统的发展过程就是科技领域自主创新的一个最好写照,只有自己掌握了核心技术,才能不受制于人。北斗导航系统从立项、建设到最后实现了核心零部件 100% 国产化,成功的背后是八万名科研人长达二十年的披荆斩棘,而促使他们勇往直前的是对国家沉甸甸的使命感和有召即来的担当。航天事业的成功体现了中国人民对科学技术的不断创新,反映出"航天精神"始终存在于每一位为航天事业发展贡献力量的工作人员心中,存在于每一位爱国的中国人心中。

卓越与创新就像两驾马车,载着我们在追求质量的道路上奔驰,收获经济、社会的双重效益。

创立于 1984 年的海尔集团是享誉全球的中国家电品牌,已从传统制造家

电产品的企业转变为向全社会孵化创客的平台。海尔的发展得益于其独特的质量文化,海尔质量文化的营造大体经历了以下五个步骤:

① 树立质量理念,制定严格的质量管理理念;
② 用行动传播质量意识,通过管理工具创新确立质量意识,依靠组织机构贯彻质量意识;
③ 通过国际上通行的标准强化质量意识;
④ 形成自己特有的质量管理哲学和质量文化;
⑤ 对质量文化进行应用性扩散。

在海尔发展过程中,有这样两个小故事。

故事一　有缺陷的产品就是废品

1985年,时任海尔青岛电冰箱总厂厂长的张瑞敏做了一件事,让质量从此成为海尔的名片。当时由于生产意识和设备都相对落后,工厂生产出的产品质量参差不齐。在一次质量检查时,张瑞敏发现库存不多的电冰箱中有76台不合格,为了唤醒员工的质量意识、市场意识,张瑞敏决定将这76台冰箱全部砸毁,而"砸冰箱"事件成为海尔历史上强化质量观念的警钟。

1986年,由于产品质量过关,海尔冰箱在北京、天津、沈阳三大城市一炮打响,市场出现抢购现象。1988年,海尔冰箱在全国冰箱评比中,以最高分获得中国电冰箱史上的第一枚质量金牌,从此奠定了海尔冰箱在中国电冰箱行业的领头地位。

故事二　不断转型的创新探索之路

作为最早探索智能制造转型的企业之一,早在工业4.0提出之前,海尔在生产"智"造方面的探索就已经开始。

从2011年开始,海尔便谋划建设数字化互联工厂,通过对传统生产模式的颠覆与升级,以满足用户全流程最佳体验为中心,打造按需设计、按需制造、按需配送的互联工厂体系,使整个制造过程实现高度的柔性,满足了用户的个性化定制需求。据介绍,海尔互联工厂已经完成了由大规模制造向大规模定制的转变,并将用户、研发资源、供应商和创客整合到一个共创共赢的生态圈中。目前海尔已建成了八大互联工厂,能够为行业的前端生产制造环节提供先进样本支持。

2016年9月,海尔集团牵头,联合中国机械工程学会、中国信息通信研究院等多家单位共同倡议,发起成立了全球家电业首个智能制造创新战略联盟，打造家电业智能制造创新服务平台，构建全球一流资源共创共赢的生态圈。

全球家电市场已进入互联网发展时代，用户需求个性化发展，信息呈现碎片化趋势。在时代转型背景下，海尔正在以追求卓越为基础，以引领创新为驱动，不断向前探索。海尔经过多年创业创新，创造了从无到有、从小到大、从弱到强、从国内到海外的骄人业绩，发展成现在的全球白色家电第一品牌。

1.2.2 质量文化建设的几个方面

开展质量文化建设需要理解下面几个关系，包括质量与合规、质量与客户、质量与创新、质量与效率、质量与工匠精神，以及理解质量文化建设对我们自身追求高质量人生的意义。

质量与合规：合规意识是质量文化建设的基础。开展质量文化建设的首要任务是全社会树立合规意识，敬畏规则；在合规的基础上，追求质量卓越，这要求企业必须把道德与合规放在首位，优先考虑安全、健康、环保，使质量成为组织竞争力的核心。

质量与客户：客户意识是质量文化建设的目标。客户需求是质量的核心内容，高质量意味着能够满足客户需求的正确特征。

质量与创新：创新发展是质量文化建设的动力源泉。变化是永恒的，在不断变化的过程中，通过创新使国家、企业和个人保持持久的竞争力。通过创新解决发展中遇到的难题，满足客户的需求，为客户创造新的价值，进而引领客户的需求。

质量与效率：卓越绩效是质量文化建设的结果。要以最少的失效、差错、缺陷、不良来真正满足客户的需求。质量领先和卓越绩效是组织在全球化竞争中取得成功的重要途径。质量优势可以使得组织具有比竞争对手进步更快的系统性做法，从而提供优于竞争对手的产品、服务和过程，改善财务绩效。

质量与工匠精神：工匠精神是质量文化建设的灵魂。质量在大国崛起中发挥着重大的推进作用。质量之魂存于匠心，工匠精神就是追求质量卓越的精神理念。

高质量人才的培养：人才是质量文化建设的核心，让人人具有创新精神、人人具有质量意识和质量能力、人人树立高标准并追求质量卓越，从而促进个人、组织和社会的提升和发展。

1.3 新时代背景下质量文化的意义

质量文化已成为我国社会发展的重要主题。

低质量的发展无异于饮鸩止渴——放眼东西方国家，都经历过由野蛮发展到文明发展的道路。德国走过的工业化路程，就是一个很好的例子。

"德国制造"的起源并不光彩。1887年8月，英国议会通过了侮辱性的商标法条款，规定所有从德国进口的商品必须标注"德国制造"字样，以此将价廉质劣的德国产品与优质的英国产品区分开来。130多年后的今天，经过历史锤炼的"德国制造"早已不再是假冒低劣复制品的标签，而是随着西门子、奔驰、宝马、拜耳、汉高等品牌成为享誉全球的高品质产品的代名词。真正的德国产品，质量源头在于对细节的把握和精益求精。"不追求价格，但追求价值"；"不追求外在，但追求细节"；"不追求广告，但追求口碑"；"不追求速度，但追求质量"，这就是德国制造。

20世纪80年代，西方众多国家开始开展质量活动，有不少公司取得了令人惊叹的成功，积累了经验并树立了典范，为西方企业未来的发展提供了指南。21世纪是"质量的世纪"，在今天以及可以预见的未来，各行各业的组织必须不懈努力建设"以追求卓越为标准，以引领创新为发展"的质量文化。纵观当今社会的发展，良好的质量文化助力企业赢得市场，帮助企业立于不败之地；而不重视质量文化的企业，最终将被社会所淘汰。

质量发展是兴国之道、强国之策，能够反映一个国家的综合实力，是企业和产业核心竞争力的体现，也是国家文明程度的体现。对于组织或企业而言，质量是生命，是发展的灵魂和竞争的核心；而对于一个国家而言，高质量是发展前进的阶梯。国家发展与质量文化息息相关——质量不限于产品，不限于管理，而是深层次地扎根于文化中。文化是质量的基因，我国开创性地塑造质量型国家，这是文明形态的一种升级，将质量上升至国家意识、意志之中，成为中华民族伟大复兴的题中应有之义。

深圳市作为我国改革开放的前沿阵地与"窗口"，曾经在20世纪80年代创造了享誉神州的"深圳速度"。2010年深圳市在全国率先提出要从"深圳速度"转向"深圳质量",让"创新驱动发展,质量成就未来"成为新的时代精神,"深圳质量"是深圳率先迈向质量时代的冲锋号。

2012年2月,国务院发布《质量发展纲要(2011—2020年)》。新世纪的第二个十年,质量发展的社会环境逐步改善,我国主要产业整体素质和企业质量管理水平有较大提高;面对新形势、新挑战,坚持以质取胜,建设质量强国,是保障和改善民生的迫切需要,是调整经济结构和转变发展方式的内在要求,是实现科学发展和全面建设小康社会的战略选择,是增强综合国力和实现中华民族伟大复兴的必由之路。

2016年中央经济工作会议强调,要树立质量第一的强烈意识,开展质量提升行动,提高质量标准,加强全面质量管理。简明扼要而掷地有声地表现出中央抓质量的决心。高质量的发展无疑是新时代的关键词。

2017年9月5日《中共中央国务院关于开展质量提升行动的指导意见》中提到"坚持以提高发展质量和效益为中心,加快建设质量强国。研究编制质量强国战略纲要,明确质量发展目标任务,统筹各方资源,推动中国制造向中国创造转变、中国速度向中国质量转变、中国产品向中国品牌转变。持续开展质量强省、质量强市、质量强县示范活动,走出一条中国特色质量发展道路"。

在党的十九大报告中指出"我国经济已由高速增长阶段转向高质量发展阶段",标志着新时代下我国开启了质量发展的新阶段。质量文化是质量发展的重要推动力,追求质量文化应当成为组织和个人的自觉行为。因此,我们要大力推进质量文化建设,提高全社会质量意识,丰富质量文化内涵,促进质量文化的传承和发展。

1.4 质量文化与当代大学生的个人发展

1.4.1 开设质量文化课程的意义

质量管理之父戴明博士曾说过,"质量无须惊人之举"。高质量的实现源自每一个人。

2021年4月19日习近平总书记在清华大学考察时强调：百年大计，教育为本。

我国开启了全面建设社会主义现代化国家新征程。党和国家事业发展对高等教育的需要，对科学知识和优秀人才的需要，比以往任何时候都更为迫切。

要培养一流人才方阵，建设一流大学，关键是要不断提高人才培养质量。要想国家之所想、急国家之所急、应国家之所需，抓住全面提高人才培养能力这个重点，坚持把立德树人作为根本任务，着力培养担当民族复兴大任的时代新人。

高等院校要担当起国家人才培养基地的重任，通过开设质量文化课程，引导学生思考时代使命。对于帮助大学生树立正确的科学观和世界观，落实新时代赋予"质量文化"的内在需求具有重要意义。

大学是人生成长的关键时期，是人生的新起跑线。大学生在学习的过程中思考未来的人生目标，并为之努力，通过行动不断让自己变得更好，帮助自己不断成长。

当代大学生要立大志，要具有时代使命感，将个人的发展与国家的发展紧密结合。国家高质量的发展需要高质量的人才，我们要努力将自己打造成高质量的人才，立志为实现中国梦而努力奋斗。

1.4.2 大学生如何学习和践行质量文化

习近平总书记在清华大学考察时强调"要勇于创新，深刻理解把握时代潮流和国家需要，敢为人先、敢于突破，以聪明才智贡献国家，以开拓进取服务社会"。大学生要在实际中去践行、去探索学习的知识，将知识转化成能力。

学习质量文化，首先要深入理解质量文化的内涵，将质量是满足客户需求的理念应用于自身的发展，思考国家的需要，将个人的发展与国家的需要相结合，树立人生理想和目标。

学习质量文化，要理解质量文化建设的两个维度——追求卓越与引领创新，培养合规意识、客户意识、创新意识、效率意识和工匠精神，依据高质量人才标准，培养自身的领导力和专业能力，培养终身成长的思维，培养坚持不懈、精益求精的精神。

学习质量文化，要身体力行去践行质量文化，将质量文化的理念应用在学习生活中。将学习中遇到的每一个挑战看成前进的机会，每一次失败看为成功的铺垫，每一个困难看为成长的机遇，通过自我认知、自我觉察、自我管理、自我激励促进自己的成长和发展。

1.4.3 学习质量文化对大学生的深远影响

在大学阶段培养质量文化观念将助力提高个人的先进性和竞争力。学生作为质量文化课程的重要受教育者，通过质量文化教育的引领，获得质量文化的理论知识，借以提升自我意识、自信心和反思能力，从而保持个人竞争力和思想先进性，树立正确的人生观、价值观和世界观。

正如习近平主席在北京大学师生座谈会的讲话中所提到的："每一代青年都有自己的际遇和机缘。我记得，1981年北大学子在燕园一起喊出'团结起来，振兴中华'的响亮口号，今天我们仍然要叫响这个口号，万众一心为实现中国梦而奋斗。广大青年既是追梦者，也是圆梦人。追梦需要激情和理想，圆梦需要奋斗和奉献。广大青年应该在奋斗中释放青春激情、追逐青春理想，以青春之我、奋斗之我，为民族复兴铺路架桥，为祖国建设添砖加瓦。"

"改变世界，从改变自己开始。"我们只有让自己变得足够强大，才能有影响他人的能力。让我们将自己打造成高质量的人才，在实现中华民族伟大复兴的中国梦中激扬青春，无愧时代赋予我们的使命！

推荐视频

1. 央视频：中国经济那点事| 要迎头赶上世界先进企业，创新驱动是把"金钥匙"。
思考：高质量发展会给我们带来什么新变化？
2. 腾讯视频：一起看世界——德国篇。
思考：德国制造给我们带来什么启示。

课后思考

1. 谈谈学习质量文化对个人的意义。
2. 结合海尔集团的发展，谈谈如何开展质量文化建设。

参 考 文 献

[1] 习近平.决胜全面建成小康社会夺取新时代中国特色社会主义伟大胜利：在中国共产党第十九次全国代表大会上的报告［R/OL］.2017-10-27［2022-01-10］.http：//www.xinhuanet.com//politics/19cpcnc/2017-10/27/c_1121867529.htm.

[2] 国务院办公厅.国务院关于印发质量发展纲要（2011—2020年）的通知［EB/OL］.2012-02-09［2022-01-10］.http：//www.gov.cn/zwgk/2012-02/09/content_2062401.htm.

[3] 新华社.中共中央国务院关于开展质量提升行动的指导意见［EB/OL］.2017-09-12［2022-01-10］.http：//www.xinhuanet.com//politics/2017/09/12/c_1121651729.htm.

[4] 中华人民共和国教育部.教育部关于深化本科教育教学改革全面提高人才培养质量的意见［EB/OL］.2019-10-08［2022-01-10］.http：//www.moe.gov.cn/srcsite/A08/s7056/201910/t20191011_402759.html.

[5] 埃文斯，林赛.质量管理与卓越绩效［M］.中国质量协会组织编译.岳盼想，译.9版.北京：中国人民大学出版社，2016.

[6] 戴明.转危为安［M］.钟汉清，译.北京：机械工业出版社，2016.

[7] 朱兰，德费欧.领导者的质量思维［M］.焦叔斌，译.北京：中国人民大学出版社，2013.

[8] 克劳士比.质量免费［M］.杨钢，林海，译.太原：山西教育出版社，2011.

[9] 沙因.企业文化生存与变革指南：变革时代的企业文化之道［M］.马红宇，唐汉瑛，译.杭州：浙江人民出版社，2017.

[10] 沙因.组织文化与领导力［M］.章凯，罗文豪，朱超威，等译.4版.北京：中国人民大学出版社，2014.

[11] 黄卫伟.以奋斗者为本：华为公司人力资源管理纲要［M］.北京：中信出版社，2014.

[12] 周留征.华为创新［M］.北京：机械工业出版社，2017.

[13] 陈彪.质量发展的实践与创新：从"深圳速度"向"深圳质量"的跨越［M］.北京：中国质检出版社/中国标准出版社，2018.

[14] 刘伟丽.质量文化助推高质量发展［N］.光明日报，2018-07-31（11）.

[15] 刘宇.德国日本何以成为品质制造的代名词［J］.浙商，2016（23）：47-49.

[16] 西格尔.苹果故事［M］.王岑卉，译.北京：中国人民大学出版社，2017.

[17] 德韦克.终身成长［M］.楚祎楠，译.南昌：江西人民出版社，2017.

[18] 新华社.习近平在清华大学考察时强调坚持中国特色世界一流大学建设目标方向为服务国家富强民族复兴人民幸福贡献力量［EB/OL］.2021-04-19［2022-01-10］.http：//www.xinhuanet.com/politics/leaders/2021/04/19/c_1127348921.htm.

[19] 党建网微平台.习近平对广大青年提出"四大"期望［EB/OL］.2021-04-26［2022-01-10］.https：//mp.weixin.qq.com/s/IE4rsnfPm2dQ-UbintaxDw.

第 2 章
质量与合规

2.1 什么是合规

"合规",从字面意义来看,就是合乎规定、规范的意思。而作为专有名词的"合规"是由英文"Compliance"一词翻译而来,意为"遵守、服从,指不违反法律或协定"。其所针对的对象,主要为法律、法规。若要使一个组织、行业,乃至国家,能够有序健康地发展,就必定少不了规定、规范和法律法规。

对个人来说,合规既是行为的规定和规范,也是自己在经济、安全上的重要保障。只有社会成员中每一份子都遵循合规的要求,让违反规范、规定的人都得到相应的惩戒,社会才能有序地运行,个人的权益才能得到保障。

从行业角度讲,合规的意义在于留下做实、做稳、做新和遵纪守法的优质企业,淘汰偷奸耍滑和粗制滥造的劣质企业,减少企业数量,提高行业质量。

合规最基本的要求是遵循法律法规,避免触犯强制性底线要求。在法律合规的前提下,又发展出其他细分方面的合规,比如 EHS 合规、质量合规等。对于企业来说,法律合规是企业生存的底线;树立 EHS 合规是企业立足的根本;满足质量合规是企业发展的基石。

2.1.1 法律合规

法律合规通常是指组织或者个体自觉遵守国家的法律法规。国家为了实现有序的治理,制定了方方面面的法律法规,让个人和每一个组织的行为都有"规范"可以遵循。随着科技的进步和新兴事物的不断涌现,法律法规也需要不断地更新和完善。如果没有这些法律规定,社会和市场将陷入混乱,侵犯他人权利和利益的人不能受到惩罚,劣币驱逐良币,个人与组织乃至国家的利益都会受到损害。而依据法律法规管理和惩罚"不合规"的个人与组织,则是对所有个人与组织权益最大的保障和维护。

例如为了预防和制止垄断行为,保护市场公平竞争,提高经济运行效率,维护消费者利益和社会公共利益,促进社会主义市场经济健康发展,我国制定了《中华人民共和国反垄断法》。

2019 年 5 月 9 日,全国市场监管系统反垄断工作会议在海南海口举行,会上发布了国家市场监管总局 2018 年反垄断执法的十大典型案例，其中一个案例为"冰醋酸原料药垄断案"：2018 年 8 月，国家市场监管总局根据举报立案调查冰醋酸原料药垄断案，查明三家涉案企业达成并实施了提高冰醋酸原料药价格的垄断协议。2018 年 12 月，国家市场监管总局依法对三家企业作出处罚，罚款并没收违法所得合计 1283 万元，责令三家企业及时将冰醋酸原料药价格恢复至竞争状态。本案开出了《中华人民共和国反垄断法》实施以来涉及原料药领域的第一大罚单，对原料药领域垄断行为形成了有力震慑。

再如，在中华人民共和国立法史上，为某一类商品专门制定一部法律的现象并不多见，而对于"药品"这一直接关系公众身体健康和生命安全的特殊商品，我国制定了《中华人民共和国药品管理法》（以下简称《药品管理法》），其中严格规范了从事药品研制、生产、经营、使用和监督管理活动的相关企业或机构应该遵循的要求。

在 2019 年新《药品管理法》颁布实施后不久，天津市市场监管委在加强新冠肺炎疫情防控期间的市场监管过程中，依法查处了一起违反新《药品管理法》的案件。2020 年初，天津市静海区市场监管局根据案件线索对一位于天津市静海区沿庄镇陈大公路东滩头村口北侧的仓库进行检查，发现该仓库存放了阿卡波糖片、阿莫西林胶囊等 344 批次药品。经过调查了解，当事人杨某并未取得药品经营许可证，其行为构成了《药品管理法》（2019 年版）第五十一条第一款所指违法行为，即无药品经营许可证的，不得经营药品。本次查处货值金额 40.1 万元；依据该法第一百一十五条，"未取得药品生产许可证、药品经营许可证或者医疗机构制剂许可证生产、销售药品的，责令关闭，没收违法生产、销售的药品和违法所得，并处违法生产、销售的药品（包括已售出和未售出的药品，下同）货值金额十五倍以上三十倍以下的罚款"，静海区市场监管局决定对杨某作出没收涉案药品和罚款 601.5 万元的行政处罚，并因涉案情节较重，将此案移送公安机关。这是新《药品管理法》实施后公布的第一个巨额罚款大案。

由此可见，遵守法律规定是企业生存的底线，也是每个人在社会立足的根本。

2.1.2　EHS 合规

EHS（Environment Health Safety）是指环境、健康和安全。EHS 合规指组织或者个体遵守 EHS 方面的规范和要求。企业如若违反 EHS 合规，不仅可能带来安全风险，甚至可能威胁环境乃至人员健康。环境、健康和安全的规范需要落实到居家、出行、娱乐和生产活动的方方面面，每个人的合规行为不仅保障自己的健康和生命安全，也关乎他人、环境的安全。

2015年8月12日23时34分左右，天津市滨海新区天津港的瑞海国际物流有限公司（以下简称瑞海公司）中心货柜码头集装箱内易燃易爆品发生连串爆炸。本次事故中爆炸总能量约为450吨TNT当量，造成165人遇难（参与救援处置的公安现役消防人员24人、天津港消防人员75人、公安民警11人，事故企业、周边企业员工和居民55人），8人失踪（天津港消防人员5人，周边企业员工、天津港消防人员家属3人），798人受伤（伤情重及较重的伤员58人，轻伤员740人），304幢建筑物、12428辆商品汽车、7533个集装箱受损，直接经济损失高达68.66亿元。这起事故也对当地的环境造成了污染，至少有129种化学物质发生爆炸燃烧或泄漏扩散，本次事故残留的化学品与产生的二次污染物逾百种，对事故中心区大气环境造成较严重的污染，对局部区域的水环境和土壤环境也造成了不同程度的污染。图2-1为天津市滨海新区天津港爆炸事故现场图。

图2-1 天津市滨海新区天津港爆炸事故现场图
图片来源：新华网

经国务院调查组认定，"8·12"天津滨海新区爆炸事故是一起特别重大生产安全责任事故。最终认定事故直接原因是：瑞海公司危险品仓库运抵区南侧集装箱内的硝化棉由于湿润剂散失出现局部干燥，在高温（天气）等因素的作用下加速分解放热，积热自燃，引起相邻集装箱内的硝化棉和其他危险化学品长时间大面积燃烧，导致堆放于运抵区的硝酸铵等危险化学品发生爆炸。

调查组认定，瑞海公司严重违反有关法律法规，是造成事故发生的主体责任单位。该公司无视安全生产主体责任，严重违反天津市城市总体规划和滨海新区控制性详细规划，违法建设危险货物堆场，违法经营、违规储存危险货物，安全管理极其混乱，安全隐患长期存在。

调查组同时认定，有关地方党委、政府和部门存在有法不依、执法不严、监管不力、履职不到位等问题。天津交通、港口、海关、安监、规划和国土、市场和质检、海事、公安以及滨海新区环保和行政审批等部门单位，未认真贯彻落实有关法律法规，未认真履行职责，违法违规进行行政许可和项目审查，日常监管严重缺失；有些负责人和工作人员贪赃枉法、滥用职权。

调查组建议依法吊销瑞海公司有关证照并处罚款，企业相关主要负责人终身不得担任本行业生产经营单位的负责人；对中滨海盛安全评价公司、天津市化工设计院等中介和技术服务机构给予没收违法所得、罚款、撤销资质等行政处罚。同时，对天津市委、市政府进行通报批评并责成天津市委、市政府向党中央、国务院作出深刻检查；责成交通运输部向国务院作出深刻检查。

"8·12"天津滨海新区爆炸事故暴露出企业主体责任不到位，违法违规经营，危险化学品安全监管体制不顺、机制不完善，危险化学品安全管理法律法规标准不健全，危险化学品事故应急处置能力不足，以及有关地方政府安全发展意识不强等一系列安全问题。

环境、健康和安全无小事，由EHS不合规引发的事故，不仅可能对社会造成重大的影响，更重要的是人们可能会为此付出惨痛的代价，甚至失去宝贵的生命。

在大学里，EHS合规同样非常重要。近几年发生在高校里的因违反EHS合规而导致的事故也屡见不鲜。特别是实验室，既是高校人、财、物相对集中的场所，也是易燃易爆品、剧毒品、药品、放射性物品等众多安全隐患扎堆的场所。据报道，高校化学实验室爆炸事件中有多起涉及人员伤亡，其中也不乏一些著名高校，而且这类事故几乎每年都有发生。

2021年7月27日，广州某大学通报了一起实验室事故。一名学生在用水冲洗烧瓶内的未知白色固体时，烧瓶突然炸裂，玻璃碎片刺穿该生手臂动脉血管。随后，该生被送往医院救治，经治疗后伤情得到控制，无生命危险。经了解，玻璃瓶中的未知白色固体中可能含有氢化钠或氢化钙，遇水发生剧烈反应而导致烧瓶炸裂。

仔细分析这起事故，其实但凡从以下几个方面做到EHS合规，是可以避免或者减轻损失的。

① 实验前要进行安全培训，只有完成了安全培训方可开展实验工作。

② 应该在做好个人防护前提下开展实验，应穿着实验服，佩戴护目镜、防护手套等。

③ 化学品的标签应确保清晰可辨，也应定期回顾检查，标签一旦出现损毁，应及时更换。

④ 进行任何操作前应查阅相应的标准操作规程，切不可凭经验擅自处置。处理不明化学试剂时，可委托有资质的专业供应商来处理。

事故没有发生在我们身上的时候，只是一个概率的概念，可能是千分之一或万分之一，可是当你不再是分母而是分子的时候，对你和你的家人来说伤害就是百分之百。生命可贵，大学生们在努力求学时要保护自己，必须牢牢树立合规意识。

EHS无小事。在这个社会高度发展的今天，EHS已经是企业发展之命脉。个人也应遵守EHS的规定，让安全操作成为良好习惯。

2.1.3 质量合规

质量合规指遵守质量的相关规章制度和标准规范。企业不仅在经营管理领域和安全领域要遵守相应的法律法规，在产品质量方面，也有严格的规范和标准需要遵守。

对保障人身健康和生命财产安全、国家安全、生态环境安全以及满足经济社会管理基本需要的产品质量及技术要求，需要制定强制性国家标准（例如国家标准文件）。强制性国家标准由国务院批准发布或授权发布，是相应行业内相应产品必须遵守的标准规定。这些标准既是产品质量属性的体现，也是产品合规属性的体现。

《中华人民共和国药品管理法》第四十四条明确规定：药品应当按照国家药品标准和经药品监督管理部门核准的生产工艺进行生产。药品生产质量管理规范（GMP）也规定：物料和成品应当有经批准的现行质量标准。

2005年9月，齐齐哈尔第二制药有限公司违反相关规定，采购物料时没有对供货方进行实地考察，也未要求供货方提供原、辅料样品进行检验，购进一批假冒药用丙二醇的工业原料"二甘醇"；检验员在分析过程中，发现药品原料密度超标后，也没有进一步调查，而是抱着"多一事不如少一事"的态度，直接出具了合格的化验单。2006年3月28日，该公司用该批假丙二醇辅料生产了大批规格为10mL/5mg、批号为06030501的亮菌甲素注射液，并投入市场使用。当年4月，该批药品被位于广州的中山大学附属第三医院应用到患者的治疗中，导致15名患者出现急性肾衰竭或神经系统损害等"二甘醇"中毒的症状，其中13人死亡、2人病情加重。最终，该公司直接负责的主管人员和其他直接责任人员因犯重大责任事故罪，被分别判处有期徒刑7年至4年不等。公诉机关认为，被告作为药品生产企业的工作人员，无视国家法律，片面追求企业的经济利益，不严格执行药品生产管理法规及相关规章制度，忽视药品生产安全，导致医院在使用该公司生产的药品后发生重大伤亡事故，给国家和人民造成了重大损失，情节特别恶劣，已构成重大责任事故罪。

涉嫌向齐齐哈尔第二制药有限公司销售假冒的药用材料"丙二醇"的主犯因犯有危害公共安全、销售伪劣产品、虚报注册资本等三重罪，5月23日被法院一审判处无期徒刑，剥夺政治权利终身。

在这起案件中，有关药品监管及工商行政管理部门监管不力、工作严重失职等问题也被暴露了出来。为严肃法纪政纪，对群众身体健康和生命安全负责，国家对21名有关责任人员作出处理，其中移交司法机关处理10人，给予党纪政纪处分11人。国家药品监管部门已依法吊销齐齐哈尔第二制药有限公司药品生产许可证。

由此可见，质量合规，不仅仅要确保企业自身做到合规，也需要通过对供应商的管理，来保证上下游供应商合规经营，提供符合质量标准的原材料或服务。该案例有企业在对供应商管理方面没有做到质量合规的原因，也有内部实验室人员不按流程操作的原因，企业质量管理缺失，没有质量意识，最后造成惨痛的教训。

我们把视线转向其他行业，很多企业在存在质量不合规问题时，非但不努力改正，还通过一时的造假获得虚假的荣誉或一时的市场份额和收益。但假的总归是假的，当真相被揭开的时候，企业不得不吞下违反质量合规的苦果，不仅要遭受加倍的经济惩罚，企业的形象更会受到重大打击。

例如，大众汽车尾气排放作弊事件。

根据美国的相关规定，只有通过尾气排放测试的汽车才被允许在美国市场销售，而大众汽车的若干款车型的尾气排放是达不到标准的。经调查，为了能以"高环保标准"过关，德国大众汽车公司在所售大众和奥迪的若干款车型上安装了专门应付尾气排放检测的"失效保护器"。这样一来，它们在车检时能以"高环保标准"过关，实际在平时使用中却大量排放污染物。涉嫌违规排放的车辆约48.2万辆，涉及2009年至2015年若干款的柴油版捷达、甲壳虫、高尔夫，同期的奥迪A3和2014年至2015年款帕萨特。

从更大层面来看，卷入违规排放的大众柴油汽车数量预计为1100万辆，主要为搭载EA189型柴油发动机的车型，涉及大众、奥迪、斯柯达、西亚特四个品牌。其中，德国市场约280万辆，美国市场约48.2万辆，瑞士市场约18万辆。

大众排放作弊丑闻在2015年被揭发，大众承认对部分柴油发动机的软件进行了控制，使其仅在监管测试期间运行，在正常驾驶期间关闭，从而逃避排放超标检测，但实际排放废气全都超标10~14倍。

从2015年到2020年间，作弊丑闻使大众遭到了无数次监管调查和诉讼，共支付313亿欧元（约2450亿元人民币）的罚款与和解金。时任CEO文德恩以及大众其他高管被迫离职，或被起诉甚至判刑。2019年9月，德国布伦瑞克检方表示，将对大众汽车现任CEO赫伯特·迪斯、前任CEO马丁·文德恩以及现任大众监事会主席潘师提起诉讼。时至今日，累计损失仍在持续上升，这对大众来说是一场持续时间极长的"噩梦"，也让大众付出了沉痛的代价。

由此可见，遵守质量标准、遵守规则是确保产品质量的最基本要求，是企业的经营准绳。

2.2 质量与合规的联系

上到国家，下到个人，合规都是其赖以生存和发展的基本要求。

从个人角度来看，在现代社会中，任何人都不可能作为一个独立的个体存在。个人的很多行为都将影响团体、社区乃至整个社会，反之它们也不断地影响个人，这种联系就导致了个人行为必然受到各种"规则"的约束。例如在社会生活中遵守法律法规，在工作中遵守公司的规章制度，在学校学习期间遵守校纪校规、遵守实验室规则。只有每个人合规，才能换来社会的井然有序；一个有序的社会，才能为个人的发展提供有力的保障。全社会的合规，又为个人发展创造了一个公平公正的环境；安全稳定的社会，也有助于个人目标的实现。

对于企业而言，只有合规运转，才能在满足客户需求的道路上走得更远，得到可持续性的发展。有了每个企业的合规，才有全社会的公平公正，才有企业高质量发展的基础。

企业合规的重要性不仅仅在于创造有形的财富，为国家源源不断地培养优秀的人才也是其重要的社会责任之一。企业营造合规氛围，通过建构科学的企业合规文化以及合规体系，让员工养成合规的习惯。人人合规后，整个社会和国家的发展才能得到保障。

对于国家而言，追求高质量的目标对于所有国家都是共通的。这一共通的目标必须与处在政治的、经济的和社会的巨大力量影响之下的国家的其他目标竞争，这些力量决定了一个国家的当务之急。因此国家需要通过制定一系列的规章制度来保证政治、经济、教育、外交、军事、农业等领域的平稳运转。

由此可以看出，无论是个人、企业还是国家，要实现稳健发展离不开良好的合规管理，合规管理不仅仅是高质量的基本组成部分，更是质量的基础。合规和质量的关系犹如树根和养分，只有强健的根基，才可以让人或组织这棵大树在质量文化的土壤里吸收养分，保证大树枝繁叶茂，郁郁葱葱。

2.3 QbD 理念

我们已经知道质量与合规的关系，以及提高质量的重要性。那么如何把控质量，从无意识到有意识地提升质量呢？本节将从质量源于设计（Quality by Design，QbD）出发，通过分析质量体系和关键质量工具，讲解如何系统地提升质量。

QbD 的理念并不是一开始就有的，是多年来国际上质量管理的理念不断进步、质量意识不断发展的结果。"质量源于设计"这个词最早由朱兰在他的著作 *Juran on Quality by Design：The New Steps for Planning Quality into Goods and Services* 中使用，之后被美国制药行业所采用。从开始的质量源于检测，即产品质量是通过检验来控制的；到质量源于生产，即产品质量是通过生产过程控制来实现的；最后演变成质量源于设计，这意味着产品从研发阶段开始就要考虑最终产品的质量。

以药品为例，在新化合物研究、处方设计、临床试验、生产管理等各个方面都要进行深入研究，积累翔实的数据，通过高质量的管理，最终实现产品的高质量。这种理念的变化，将质量控制点不断前移，从过去单纯的依赖检测，到对生产过程的控制，再到整个药品的生命周期。简单讲，就是从源头开始，全面地确保药品质量和安全。

2.3.1 质量源于检测

质量源于检测是指在生产工艺固定的前提下，按产品的质量标准，使用各种检测设备和仪表，严格把关，进行百分之百的检验，合格后放行出厂。这种理念盛行于 20 世纪 70 年代之前。美国出现了以泰勒为代表的"科学管理运动"。"科学管理"提出了在人员中进行科学分工的要求，将计划职能与执行职能分开，中间再加一个检验环节，以便监督、检查对计划、设计、产品标准等项目的贯彻执行。这样，质量检验机构就被独立出来了，成为一支专职检查队伍和检查部门，由专职检验部门实施质量检验。

1938年6月25日，美国总统富兰克林·罗斯福签署通过了《联邦食品、药品和化妆品法案》，该法案通过明确要求所有新药上市前必须通过安全性审查以及禁止被食品药品监督管理局（FDA）证明出于欺诈目的在药品标签上作出虚假医疗声明的行为，显著增加了联邦监管的权限。该法案亦授权给FDA对制造商进行检查的权利和扩大了其执法权，为食品、药品监管设立了新的标准，并将化妆品和医疗设备置于联邦监管之下。该法案虽在日后经过了大量修改，但至今仍然构成了FDA监管权限的核心基础。

这个法案第一次要求生产厂商必须证明他们的产品上市前是安全的，从此整个行业开启了标准化制药的先河。直到现在，"符合标准"依然是药物合格最基本的条件。这个理念同样适合其他行业，在绝大多数的商品上可以看到类似"合格证"的证书或标识，以证明该产品通过质检。

在食品行业，我国同样制定了一系列的食品安全国家标准，例如：乳品安全标准，真菌毒素、农兽药残留、食品添加剂和营养强化剂使用通则等。运用色谱技术、光谱技术、生物技术等进行食品安全指标检测，覆盖6000余项食品安全指标。

检验是保证质量的主要手段，人们认为，测试合格的药品（其他产品也类似）就是好的，但是这种理念有三个劣势。

一是检验本身并不能改变药品质量或提高合格率，当从检验结果获得药品失败的信息之后，虽然可以避免劣质药品流入市场，但毕竟会给企业造成较大的损失，此时所能考虑的只剩下如何减少影响。因此质量源于检测并不能提高产品的合格率，只是一定程度上对药品的质量进行了抽查。

二是质量源于检测有个逻辑上的悖论：大部分的检测都是破坏性的，也就是说检验合格的药品都是不能上市销售的，上市销售的药品都是没有检测过的。因此检验时只能按比例抽取一定数量的样品，而由于生产环节没有控制，当产品的质量不均一时，受检样品的质量并不能完全反映整批药品的质量。

三是检验往往具有一定的局限性。前文提到质量的广义定义是满足客户的需求，甚至是提前发掘并满足客户的潜在需求。然而不是所有的客户需求都是以标准的形式存在并被检验出来的。举个很简单的例子，即使一盒铝塑包装的药片通过了检验并证明其符合事先设置的接受标准，可是患者在使用时，为了方便携带和提高服药顺应性，往往会选择将药片分装到小药盒里，这么做会破坏药品原有的铝塑包装，一些不稳定（如吸潮、降解）药片的质量和疗效就会受到影响。分装药片其实是患者作为用户的一个需求，但是并没有体现在质量标准里，当然也不会被检验出来。

2.3.2 质量源于生产

质量源于生产指的是"生产控制质量"模式，是将产品质量控制的支撑点前移，结合生产环节来综合控制产品的质量。这一模式的关键是首先要保证产品的生产严格按照经过验证的工艺进行，然后再通过最终产品的质量检验，从而较好地控制产品的质量。

在此阶段中，产品质量控制能力有了明显提升，不需要等到生产结束，生产过程中的产品属性和参数变化大致表征了产品的质量；同时在生产的过程中即可通过参数调节进行一定的补偿与纠正，从而控制产品质量。这一模式抓住了影响产品质量的关键环节，综合控制产品的质量，比单纯依靠终产品检验的"检验控制质量"模式有了较大的进步。

但是，"生产控制质量"模式并不能解决所有的问题，以制药行业为例，其不足之处在于，如果在药品的设计、研发阶段，该药品的安全性并没有经过充分的验证，那么即使严格按照工艺生产符合质量的产品，仍不能保证患者的用药安全。

典型的例子当属 20 世纪 60 年代发生的史上最严重药害事件——"反应停"事件。"反应停"的通用名叫沙利度胺（Thalidomide），是一种由西德制药公司 Chemie Grünenthal 在 1950 年代开发的药物，作为镇静剂用于治疗孕妇的恶心和孕吐。沙利度胺于 1956 年 7 月获批在德国进行非处方销售。在世界各地，越来越多的制药公司开始在 Chemie Grünenthal 的许可下生产和销售这种药物。到 1960 年，先后已有 14 家制药公司在 46 个国家/地区，以至少 37 个不同的商品名销售沙利度胺。

但市场繁荣的背后，却是一个惊天悲剧。1960 年，欧洲地区出现了大量新生儿畸形的报道。这些畸形婴儿没有臂与腿，手和脚直接连在身体上，如同海豹的肢体，因此被称作"海豹畸形儿"。1961 年，澳大利亚医生威廉·麦克布莱德（William McBride）在《柳叶刀》上首次公布了沙利度胺是"海豹畸形儿"的罪魁祸首。该药物于 1961 年 11 月 26 日被 Chemie Grünenthal 正式撤回，但在沙利度胺问世的短短几年里，估计全世界有超过 10000 名婴儿受到这种药物的影响。

唯一幸免的是美国。由于无法提供临床证据来驳斥长期使用沙利度胺后四肢出现的神经损伤，美国一位 FDA 的审批员弗朗西斯·凯尔西阻止了沙利度胺在美国的使用。正是由于弗朗西斯的坚持，实验数据不足的沙利度胺才未进入美国，拯救了无数美国的新生儿。

回顾整个事件，可以看出虽然多种原因造成了这次悲剧，但是药品在研发阶段安全性研究不足是其中的一个重要因素。沙利度胺也许在生产环节都控制得很好，产品检测也通过了，但是没有在研发、设计阶段对药品安全性进行科学有效的把控，导致产品投入市场后造成了重大的药品安全事故。

"反应停"事件后，1962年肯尼迪总统签署修正案，规定新药上市必须向FDA提交有效性和安全性数据，上市药物一旦出现问题，必须尽快召回。其他国家的药监部门也纷纷制定了类似的法规要求，从此安全性成为药物监督的基本原则，尤其是儿童和孕妇用药，在安全性上没有商量的余地。

有鉴于此，制药行业也开始重视在药品研发设计阶段的质量管理和安全性验证。

2.3.3 质量源于设计

早在2002年，美国制药行业认为FDA管理过于严格，使企业在生产过程中没有丝毫的灵活度，因此要求FDA给予制药企业一定的自治权。但业界自治的前提是要确保FDA能够了解药品质量审评，包括产品质量属性、工艺对产品的影响、变量的来源、关键工艺参数的范围等。作为制药企业，要对产品质量属性有透彻的理解，对工艺进行翔实的科学研究，对质量风险有科学的评估。更重要的是，要把这些研究信息与FDA共享，以增加FDA的信任。但是面对成千上万的药物文件，FDA药品审评人员却十分有限，这些有限的人力资源还要用在现场cGMP（current GMP，现行药品生产管理规范）认证、现场检查和突发事件处理上，因此，用于质量审评的人员数量非常少。为了协调各方面的矛盾，QbD理念应运而生。这是一种全新的监管理念，它有利于药品监管人员、企业界和患者的三方共赢。

"高质量的药品是通过良好的设计而生产出来的"，即"设计控制质量"模式，是将药品质量控制的支撑点更进一步前移至药品的设计与研发阶段，消除因药品及其生产工艺设计不合理而可能对产品质量带来的不利影响。根据这一模式，如果在产品开发阶段就获得充分的知识，对产品质量属性和工艺参数有可靠的理解并建立适当的控制策略，其整个生命周期就能始终在保证产品质量的范围内运行。

在药品的设计与研发阶段，首先要对药品的有效性、安全性等一系列因素进行全面的考虑，进行充分的前期研究、临床研究，综合确定目标药品，然后通过充分的优化、筛选、验证，确定合理可行的生产工艺，最后再根据"生产控制质量"模式的要求进行生产与检验，从而全面地控制药品的质量。

近几年，基因毒性问题引起制药行业的关注，也引起监管机构的重视。基因毒性杂质是指能直接或间接损害 DNA，引起基因突变或致癌的一类物质。原料药作为药品的活性成分，在药品的生产过程中起着尤为关键的作用。一般化学药的原料药为高纯度有机化合物，常通过化学合成反应来制备（图 2-2），然而在化学反应过程中，也会产生一些副产物，若这些副产物具有基因毒性，则在生产工艺路线中就应该严格地控制其限度，以确保药品的质量。一条优良的合成路线应该从设计阶段就充分考虑合成路线的经济性、高效性以及是否符合绿色化学的理念，在原料药制备阶段巧妙地降低基因毒性杂质，从而从生产流程的源头有效保证药品质量。

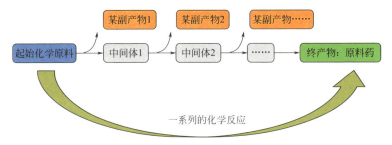

图 2-2　化学原料药的合成示意图

例如，辉瑞公司推出的口服药物西地那非的原料药，其合成方法用到了磺酰化反应，易产生基因毒性杂质"硫酸单乙酯和硫酸二乙酯"。其最初的合成方法 1，把磺酰化放在倒数第二步，从技术角度只能通过产品的最终提纯等方法控制基因杂质含量，给原料药的质量控制带来了不小的挑战。经过对该药物合成路线的设计改进，辉瑞公司又提出了一条新型的商业化合成路线 2，将磺酰化反应放在整个反应过程的第一步，再经 3 步反应合成原料药，这样可以对每一步化学反应的产物进行提纯，大大降低了基因杂质的含量（图 2-3）。这条基于 QbD 理念重新设计的合成路线，更符合绿色化学的理念，能更有效地将基因杂质控制在限度范围内。

另一个更加贴近生活的例子来自药品的铝塑包装。为了解决前文举例的患者因分装的需求而使药品包装被破坏导致变质的问题，包装设计师在铝塑包装上巧妙地设置了撕裂线，见图 2-4。这样既可以很方便地将其分割为很小的单元，同时又不破坏外包装。一个小小的改善，从源头上解决了问题，同时降低了药品变质带来的安全风险。

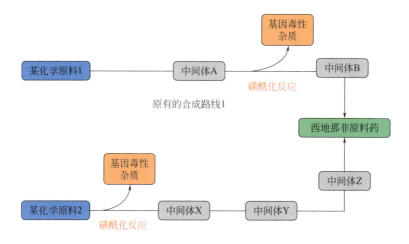

图 2-3 西地那非合成路线改进

图 2-4 铝塑板的撕裂线

从质量源于检测到质量源于设计,对研发等前期工作的要求越来越高,在前期设计时,就要将后续商业生产等可能遇到的问题一起考虑。如今 QbD 理念已经不仅仅应用于医药行业,还被越来越多的行业所认可并在不断的探索中发扬光大。

近几年星巴克咖啡在中国的粉丝越来越多,人们认为星巴克能提供一流的咖啡、"第三生活空间"式的享受以及店铺之外的延伸体验(如满足杯子收集爱好者)等。以咖啡质量来说,经过烘焙的咖啡豆基本决定了咖啡的口味。烘焙是时间和温度的结合，烘焙工艺开发的前提条件是了解工艺的各种属性，包括如何控制温度，并能够沿着不同的烘焙曲线烘焙咖啡。星巴克正是通过在各种不同的温度和时间条件下，尝试使用多种不同的方法烘焙咖啡，最终设计出能持续稳定地实现最理想烘焙效果的烘焙工艺，制作出了自己的招牌烘焙曲线。然后，它又将这些烘焙曲线编写成了专有计算机软件，这确保了即使某个烘焙师跳槽到竞争对手一方，他/她也不可能复制星巴克的招牌烘焙效果。

正是借助于 QbD 理念，让星巴克拥有了更好的产品，也让我们体会到了质量源于设计的重要性。

2.4 质量管理

从质量源于设计，我们了解了设计对于质量的重要性。人们常说产品的质量是在设计和生产中形成的，那么如何确保持续地生产出满足要求的产品呢？这就要依靠好的流程和科学的质量管理。本节将介绍质量管理体系和质量管理体系的关键要素。

2.4.1 质量管理体系的概况

前面谈到了合规，也谈到了质量与合规的关系，合规意识是质量文化建设的基础，开展质量文化建设的首要任务是在全社会树立合规意识，敬畏规则，在合规的基础上追求质量卓越。要实现这一目标就需要有一个健全的质量管理体系，来确保我们的行为符合法规和质量管理的要求。

质量管理体系（Quality Management System，QMS）是指在质量方面指挥和控制组织的管理体系。质量管理体系是组织内部建立的、为实现质量目标所必需的系统的质量管理模式，是组织的一项战略决策。质量管理体系是实现质量管理的必要前提。

健全的质量管理体系可以确保质量目标的达成，帮助组织提高客户满意度，并能提供持续改进的流程，保证组织能够持续提供满足客户需求的产品，提高组织与客户对质量管理体系的信任度。

常见的质量管理体系有 ISO（International Organization for Standardization)——国际标准化组织制定的国际标准,如通用的质量管理体系 ISO 9001、环境管理体系 ISO 14001、汽车行业质量管理体系 ISO 16949、医疗器械质量管理体系 ISO 13485 等。

制药行业的质量管理体系有 GLP(Good Laboratory Practice,《药品非临床研究质量管理规范》)、GCP(Good Clinical Practice,《药品临床试验管理规范》)、GMP(Good Manufacturing Practice,《药品生产质量管理规范》)、GSP(Good Supply Practice,《药品经营质量管理规范》)等。例如,GMP 是药品生产企业的行业强制标准,要求企业应具有合格的人员、良好的生产设备、合理的生产过程、完善的质量管理和严格的检测系统,确保最终产品质量符合法规要求。

药品是特殊的商品,需要经过国家主管部门审批后才能注册并上市。药品注册的国际标准一般遵循 ICH 制定的指导原则。ICH(International Council on Harmonisation of Technical Requirements for Pharmaceuticals for Human Use),中文通常译为"国际人用药品注册技术协调会"。

其基本宗旨是在药品注册技术领域协调和建立关于药品安全、功效和质量的国际技术标准和规范,作为监管机构批准药品上市的基础,从而减少药品研发和上市的成本,推动安全有效的创新药品早日为患者健康服务。经过二十多年的发展,ICH 发布的技术指南已经被全球主要国家药品监管机构接受和转化,成为药品注册领域的核心国际规则制定机制。

随着中国制造的不断升级,在质量管理体系上与国际水准的同步接轨也是帮助企业更好地实现质量目标的战略手段。下面将以制药行业 ICH-Q10 中的质量管理体系的概念为例,介绍当前国际上对于质量管理体系的设计理念以及实际运用。

ICH-Q10 药品质量体系是制药行业基于 ISO 质量管理系统(ISO 9000 系列)的一个质量管理协调模型,于 2008 年发布后,逐渐在各个国家推广运用。它不仅加强了 GMP 的管理,又引入了 GMP 以外的一些元素进行了扩充,从而为贯穿产品生命周期的药品质量体系提供了统一的模型(图 2-5)。其主要目标是确保产品实现、建立和保持受控状态并推动持续改进。

ICH-Q10 的进步在于:原本人们对药品质量管理的理解停留在从原料药采购到药品上市完成的过程,而 ICH-Q10 则是对从研发一直到药品退市的不同阶段都提出了质量管理的要求。质量监管不再仅仅局限于生产,而是从生产扩展到药品的整个生命周期。

ICH-Q10 的质量体系中包含四大要素,分别是工艺性能和产品质量监控系统、纠正和预防措施(CAPA)系统、变更管理系统和管理回顾系统(图 2-6)。

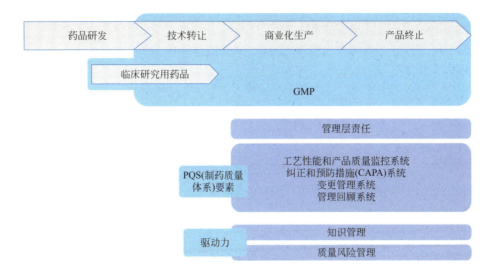

图 2-5 ICH-Q10 药品质量体系

图 2-6 ICH-Q10 质量体系中的四大要素

这四大要素之间相互联系，可以应用于产品生命周期的每个阶段。企业通过执行有效的工艺性能和产品质量监控并在监控中产生纠正措施和预防措施，以使得产品和工艺得到提升；工艺监控和预防、纠正措施都会触发变更，通过有效的变更管理来评估、批准和执行这些变更；通过管理回顾，对前三个要素的结果进行回顾，从而确保工艺性能和产品质量在整个生命周期里得到管理。

不管是医药行业的 ICH 质量体系，还是其他行业的质量管理体系，通常都会涵盖几个重要模块的管理，比如质量风险管理、变更管理、偏差管理、质量控制等。下文将举例对这几个关键的要素做进一步介绍。

2.4.2 质量管理体系的关键要素

2.4.2.1 质量风险管理

风险是危害发生的可能性及危害程度的综合体。质量风险管理是质量管理体系的基石，是用来识别、评价和控制质量风险的一个系统程序。它是依据科学和经验做出决定的过程，并可以被前瞻性以及回顾性地应用。有效的质量风险管理有助于企业做出更合适的决定。

质量风险管理强调对产品的质量及生命周期的管理。图 2-7 展示的是在 ICH-Q9 中推荐的质量风险管理的流程，包括三大部分：风险评估、风险控制、风险回顾。

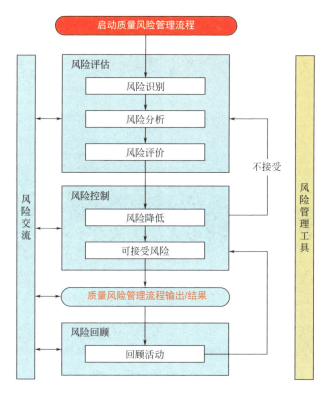

图 2-7　ICH-Q9 的质量风险管理流程

(1) 风险评估

风险评估依次分为风险识别、风险分析和风险评价三个步骤。风险识别关注"什么可能有问题",包括识别"可能的后果";风险分析是对问题发生的可能性以及后果的严重性进行定量或定性的过程;风险评价则对所识别出的并经过分析后的风险与既定的风险标准进行比较。

风险评估适用于各种不同的活动,评估范围可涵盖单个活动、具体事项、项目、设备、工艺、系统、体系等等。在开展风险评估时,经常会借助下面的三个基本问题更准确地定义风险:

① 可能出现的错误是什么?
② 会出错的可能性(概率)是多大?
③ 结果/后果有多严重,严重性是什么?影响范围有多大?

风险评估的第一个步骤:风险识别。风险识别是指参考风险问题或风险描述,系统地利用信息来确定可能的危害(危险)因素的过程,这种信息可能包括过往经验、历史数据、理论分析、指导性的意见等事宜。风险识别关注"可能出现的错误是什么?"以及其可能的后果,是质量风险管理流程工作的基础。

风险评估流程中最为重要的步骤是保证有经验的相关主题的专家可以参与并建立一套准确、尽量完整的潜在危害清单,然后再开始进行严重性、发生可能性和/或可检测性的判定,否则所得到的任何结果的可信度和有效性都会受到损害。对于识别出来的结果(危害因素),也就是风险点,需要重点关注和监控。

风险评估的第二个步骤:风险分析。风险分析是对已经确认了的危害因素进行估计,把危害发生的可能性和严重性联系起来的过程。该过程可以考虑用定性或定量的方式,并要考虑检测的可能性。在整个风险评估过程中,风险分析是最重要的环节,需要相当有经验的专业人员来参与共同完成。如果在风险分析过程中,由于人员的专业技术水平参差不齐或者对评估的理解出现差错,有可能会造成本来风险很高的因素被误评为低风险等级,进而忽略风险造成产品的质量缺陷,甚至会影响患者的用药安全;或者本来很低的因素被误评为高风险,造成不必要的资源和成本的浪费。

风险评估的第三个步骤:风险评价。风险评价是将所确定和分析的风险与所给定的风险标准进行比较的过程。风险评价考虑到风险的严重性、发生可能性、可检测性这三个基本问题的证据强度。风险评估的输出可以采用定量的方式表达,通常运用数值表达风险发生概率(例如,从1到5,5为最严重,

1为最不严重的评分标准);也可以运用如"高""中""低"等定性描述语来表达,使用定性的表达方法时应尽可能详细地确定定性依据。

(2) 风险控制

风险控制包括为了降低和/或接受风险所做的决定,即如何证明为降低风险所做的工作和对风险的接受是有根据的。风险控制的目的在于将风险降低到一个可接受水平。决策者可能会应用不同的程序以理解风险控制的最佳水平,包括利益和成本分析。风险控制采取行动的速度和程度应该与风险的重要性相当。

当风险超过了某个特定可接受水平时,风险控制的方法首先是考虑降低风险。降低风险包括为降低危害的严重性和减少危害的可能性所采取的行动,也包括识别风险、增加危险检测因素、识别质量风险可检测性等。通过实施降低风险的措施,也有可能引入新的风险到系统中或者显著增加其他已经存在的风险,这些在实施风险降低行动前都要进行综合评估。在实施降低风险措施过程后,还需要适当地返回风险评估中对任何可能的改变进行辨识和评价。

对于某些类型的危险,即使最好的质量风险管理实践也不能完全消除,还有一些风险或残余风险是可以接受的,或者是当剩余风险不具体时的被动接受。在这些情况下,可以认为已经应用了最佳质量风险管理策略且质量风险也降低到了一个可接受水平。

(3) 风险回顾

对质量管理流程的输出/结果进行审查,以考虑新的知识和经验。风险回顾一般包括:风险决定、文件回顾和有效性回顾。风险决定指对风险可接受的重新考虑;文件回顾指质量风险管理文件的回顾;有效性回顾指对风险控制有效性的回顾。

将上述三部分概括成一个常规的风险管理的实施内容应包括:

① 是否进行正确的风险描述;
② 是否识别出根本原因;
③ 是否有消除或降低风险的解决方案;
④ 行动是否有负责人和目标完成日期;
⑤ 行动计划的进展状态;
⑥ 是否按计划进行/完成预定的行动,行动计划是否有效。

此外,在风险管理过程的任何阶段都可进行风险交流,即决策者和其他相关方之间进行的风险和风险管理方面信息的交流和共享。

风险管理的应用场景非常多，工作、学习或生活中的一些问题，都可以借助不同的风险管理工具来实现，比较常见的工具有故障树分析（Fault Tree Analysis，FTA）、失效模式与影响分析（Failure Mode and Effects Analysis，FMEA）、危害分析和关键控制点（Hazard Analysis and Critical Control Point，HACCP）等。也不仅仅针对上文所说的"危害"，当发生重大变化或需要做出抉择时，都可以使用风险管理流程来评估和决定。

一起来看看小Q的"风险管理"故事（图2-8）。

图2-8 小Q的"风险管理"故事

小Q是一名大学三年级的学生，需要修习的专业课即将进入尾声，对于毕业之后何去何从，他需要尽快规划好目标和方向，这是人生的重大决定。周围的一些同学有的在备考GRE，准备出国深造，还有一些准备了简历开始寻找暑期实习，而小Q自己却迟迟还没有决定。他坐在桌前，望着桌面凌乱的书籍和物品，陷入了沉思。

考研？出国？就业？看似选择多，但是困难和风险也很多：出国需要GRE成绩，出去之后不习惯怎么办？考研的时间很紧张，需要学习的内容很多，考不上怎么办？本科毕业就找工作，会不会竞争力不够？将来的职业发展会不会受限？

面对脑海中闪现的这些问题，小Q感觉自己需要厘清思路，认真评估。

他想到了之前"质量文化导论"课程中学到的"风险管理流程",分别针对考研、出国、就业进行分析,识别出相应的风险点。

对于考研,可能的风险点为:考研的时间很紧张,需要学习的内容很多,很有可能考研落榜。从风险严重性和发生概率等方面进行评估后,小Q认为,考研不成功,他还可以选择就业,或者第二年继续考研,所以考研落榜这个风险的严重性较低;而考研难度较高,考研落榜的发生概率也相对较高。

小Q又用同样的风险管理思路,对出国和就业进行了分析,最终决定考研。他觉得考研失败的严重性可以接受,并且制定了详细的学习计划来降低该风险发生的概率。最终,小Q经过自己的努力,毕业后继续读研深造。

2.4.2.2 变更管理

随着科技的进步,新的技术、新的设备、新的科技成果越来越多地应用到各个领域,对产品的质量提升起到了重要作用,因此变更是常态,也是客观必然。就比如大家熟悉的常用的计算机操作系统 Windows 系统从 Win7 升级为 Win11、手机社交软件升级迭代等,都可以视为一种变更。换言之,变更是永恒的主题。那么以上所提到的这些变更是随意为之的吗?当然不是。要想使变更朝着期望的方向变化,就必须有一个完整的流程来管理这样的变更。

常见的变更管理流程(图 2-9)通常是:根据需要(业务、技术发展、流程改变、环境改变等等)提出变更申请→ 变更评估(评估对法规、安全、质量等的影响)→ 变更批准→ 变更执行→ 变更效果评估(确认变更是否已经达到预期的目的)→ 变更关闭(确认所有行动完成,变更达到预期目的后,方可关闭变更)。

图 2-9 变更管理流程图

在变更管理流程中需要特别关注的一环是变更评估,也就是风险评价和影响评估,可以参考前面的风险管理来进行。其他几个环节也很重要,比如即使变更计划制定的再详细，如果变更执行不到位，同样也会导致变更的失败。变更完成后的效果评估可帮助我们审查是否达成了变更预期，是否还有额外的行动需要补充等。因此可以说，变更管理的这六个环节，环环相扣，一个都不能少，从而确保变更的顺利达成。

我们每天都会遇到变化，有些是计划中的变化，有些则是意料之外的变化。面对变化，无需慌张失措或是消极应对，而要试着运用有效的方法管理好这些变化，消除或避免不良的影响或风险，帮助我们更好地实现目标。

来看看小 Q 在大学时发生的一个变更管理的案例（图 2-10）。

图 2-10 小 Q 的变更管理

小 Q 已经开始大学生活半年时间了，他所在的宿舍是一个不同专业学生的混住宿舍，小 Q 所在的专业是化学工程，而室友小 P 则是商学院的工商管理专业。他时常听到室友小 P 与他们班级的同学打电话，讨论各种活动。今天小 P 又在电话中与同学讨论晚上的联谊会。

小 Q 听着小 P 兴奋的话语，对晚上的联谊会产生了很大的兴趣，再加上经过半年的学习生活，他觉得理工类的课程不适合自己，却对商学院的课程产生了浓厚的兴趣，商学院举办的学生活动着重培养学生的商务能力，更适合自己善于交际的性格特点。于是，转专业的想法在他心中萌芽。

小 Q 运用了变更管理的思路，首先他问自己，自己转专业的根本原因是什么？自己转专业的理由是什么？在明确了自己的"变更"理由后，为了能顺利转到他喜欢的专业，他开始了详细的"变更"评估。

① 从现有专业转到新的专业，改变了什么？

专业课程将会完全不同，毕业后的就业方向也会有很大的不同。有些商学院的基础理论课程小 Q 并没有学习过，因此他给自己制定了"行动项"，根据自身的学习情况，计划在 1 个月内，自学"西方经济学"等基础课程。

② 转专业需要哪些手续呢？需要学校哪些部门批准呢？

小 Q 查阅了学校的相关管理条例，梳理了转专业的相关流程。对于自己不太理解的流程手续，他决定明天就去找辅导员咨询。

经过一系列评估后，小 Q 默默地拿出在抽屉里放了很久的"转专业申请表"。

应用变更管理的思路，小 Q 迅速地完成了情况分析和行动制定，最终做出选择。

变更管理对于企业也非常重要。如果企业无视变更的管理流程，随意变更，有可能会对产品的质量造成不良影响。特别是当产品与人民群众的生命健康有关时，产生的后果会更严重。

2018 年震惊全国的长春长生疫苗案例就是一个典型的反面案例。长春长生生物科技有限责任公司（长生生物）在 2018 年被发现违法违规生产冻干人用狂犬病疫苗。该企业为降低成本、提高狂犬病疫苗生产成功率，违反批准的生产工艺组织生产，变更工艺和关键设备。这种随意变更造成的结果是极其严重的，有可能会造成接种者因没有得到应有的保护而丧命。这违反了《中华人民共和国药品管理法》和《药品生产质量管理规范》的有关规定，最终长生生物被国家药监局和吉林省药监局罚款 91 亿。这个数字，已经打破了国内企业被处罚金额最高的纪录。此外，企业负责人高俊芳等 14 名责任人，被处罚不得从事药品生产经营活动，并依法追究刑事责任。

2.4.2.3 偏差管理

前面章节里介绍了从"质量是检验出来的"到"质量是生产出来的"，再到"质量是设计出来的"，质量保证体系的核心原则在不断地进化着，这也体现了对产品质量全生命周期的管理。然而，再完美的设计，在实际生产过程中，也会出现一定的偏差。

所谓的偏差，可以被认为是一种非预期事件，可能会影响产品的安全、质量和有效性。偏差是我们不期望出现，却又常常难以避免的。如何及时发现偏差，分析偏差产生的根本原因，并在此基础上建立相应的纠正和预防措施，避免同样的错误再次发生，是偏差管理的重要环节。

比如，一个成绩一向优秀的同学，在某次考试中竟然不及格，这也可视为是一个偏差。那么如何处理这样的偏差呢？正确的方法是分析失败的根本原因，采取有针对性的纠正措施和预防措施，让该同学的成绩重新回到原有的水平，并避免同样的错误再次发生，这才是偏差管理的重要意义所在。

偏差管理的流程（图 2-11）：

① 首先在偏差发生后，要快速评估其影响范围，并立即采取偏差管理行动；

② 紧接着是对偏差进行全面充分的调查，最终找到导致偏差发生的根本原因；

③ 基于调查结果，根据偏差造成的影响以及潜在的风险，做出最终的质量评估；

④ 根据导致偏差的根本原因，制定合适的纠正和预防措施（CAPA），避免类似问题的再次发生，并通过措施实施后偏差的重复发生情况来检验纠正和预防措施的有效性；

⑤ 只有当找到偏差发生的根本原因，并制定了有效的纠正和预防措施后，才可以关闭偏差管理流程。

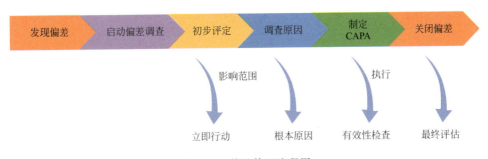

图 2-11　偏差管理流程图

偏差管理流程中第一步是发现偏差，这是一个很重要的前提。发现问题，才有机会解决问题。明明看到了偏差，却故意藏着掖着，将自己当作把头埋在沙子里的鸵鸟，或是因担心、害怕而不敢说，这样的情况在现实生活中并不少见。因此，应该鼓励"大声说出来"。只有用正确的心态对待偏差，才有可能有意愿去找原因并纠正。

偏差调查是整个偏差管理流程中非常重要的一步，关键是调查出发生偏差的根本原因。要如何找到偏差发生的根本原因呢？表象的东西往往会迷惑我们，要发现冰山下的真实情况，可以采用的方法有很多，例如5Why、鱼骨图等，详见本书5.3.2节的内容。

找到根本原因后，就要针对根本原因制定措施。这种措施通常分为两种：

纠正措施（Corrective Action，CA）是为了消除已发现的不合格或问题的原因所采取的行动，防止其重复的出现。

预防措施（Preventive Action，PA）是为了消除潜在的不合格或趋势发生的原因所采取的行动。

值得一提的是，CAPA可应用的场景多种多样（图2-12），它不仅仅针对前面提到的偏差，对企业而言，还有可能是针对审计、风险评估、产品投诉、产品年度回顾等其他方面所触发的行动。

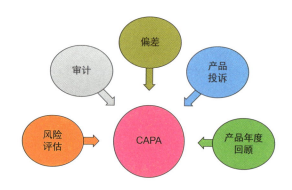

图2-12 CAPA的应用场景

CAPA是否到位，可以通过有效性评估来检验。如果后续有重复的偏差出现，导致有效性检查失效，就说明之前制定的措施有问题，需要重新调查找出真正的原因所在，并制定新的CAPA。

下面来看看小Q在毕业踏上工作岗位不久后遇到的状况。

这次，小Q顺利加入了××药品公司的研发部门，从事实验员的工作。但是，刚加入公司的小Q在工作上却遇到了困难：同样反应条件的实验，同事做出来的收率就是比自己做的高（图2-13）。为此，小Q感到很苦恼。于是，他决定用偏差管理的思路（图2-14）来解决问题。

首先，他将自己实验结果收率偏低识别为偏差，随即展开偏差调查，对偏差的根本原因进行探索。他首先梳理整个实验的过程，对每一个实验环节进行回顾。公司有规定实验员在开始实验前必须要仔细阅读操作流程，并在操作过程中严格执行，于是他检查自己的实验记录本，并仔细与公司的标准操作流程

图 2-13 小 Q 的苦恼

图 2-14 小 Q 的偏差管理

进行比对。最终发现,该反应的标准操作流程明确要求,反应物投入时需要逐滴加入,而小 Q 则是将全部的反应物直接加入反应瓶中。小 Q 很快总结出仅凭自己的经验进行实验操作,而没有在实验前详细阅读标准操作流程,是导致此次偏差发生的根本原因。在明确偏差发生的根本原因后，小 Q 给自己制定了 CAPA。

首先，针对根本原因制定纠正措施（CA）——重新学习该实验操作的标准流程，明确各项操作的具体要求和注意规范。然后重新做一次实验，按照标准流程的要求一步一步地操作，反应物采用滴加的方式，果然实验收率得到显著的提高。

其次，制定预防措施（PA）——为了避免在其他实验中发生类似的情况，应清楚了解实验室的通用操作规范和要求。在此基础上，针对某个具体实验项目，要在实验前查阅资料并了解反应的机理，从原理上分析每一步操作的重要性，减少偏差的产生；或者实验前虚心向老员工请教该实验的风险点，熟悉实验前的准备工作，从而避免偏差的产生。

在上述 CAPA 实施一段时间之后，小 Q 和他的领导一起对小 Q 的实验工作进行评估，这段时间小 Q 没有出现因不按标准流程操作而产生的实验偏差，因此认为该 CAPA 有效。尽管小 Q 在工作中遇到了偏差，但他通过偏差管理流程，快速、正确地找到了根本原因，并制定了 CAPA，使问题得以有效解决，其在工作上出色的表现也得到了领导和同事的一致认可。

偏差管理的核心是找到偏差发生的根本原因，并采取纠正和预防措施，避免偏差的再次产生。每个人的成长过程中，都有可能经历偏差，正确看待偏差，有效地管理好偏差，才是实现个人提升、人生进步的重要法宝。

2.4.2.4 质量控制

良好的质量管理体系是实现高质量的基础和保证，而建立、实施并维护一个有效的质量控制体系能够支持质量管理体系的有效实施，持续稳定地生产出满足客户需求、符合质量规定的产品。

质量控制这一概念出现在 20 世纪早期，将实现质量的方法由当时居主导的检验控制扩展成为现在的主动控制。随后，质量控制一词被赋予了更广的含义，还包含了质量计划。在美国，质量控制现在常用于"卓越绩效、卓越运营、卓越经营或全面质量计划"等概念的一部分，这些概念成为描述一个组织管理质量的各种方法、手段、工具等的术语。

质量控制适用于产品生命周期过程中，产品质量形成全过程的各个环节，包括产品研发后期、产品/技术转移、商业生产、产品贮存/运输、在市考察甚至产品退市等各个环节。质量控制一般包括两个方面，结果控制与过程控制。过程控制是结果控制的基础，结果控制是过程控制的最终导向，两者相辅相成。

(1) 结果控制

结果控制指关注结果的质量控制。

工作中的结果控制包括产品出厂放行前的质量检验结果、项目的交付成果或是工作的绩效等。而在学习过程中，我们经历的每一次考试，也往往是一种结果控制，目的就是保证在不同的阶段我们学习到的知识水平达到相应的要求。

结果控制有其积极的作用，比如学生们在大学里的每门功课的成绩、实验的结果是否符合标准或预期，通过对结果进行相关的分析，就可能会发现一些问题，并找到一个有效的解决手段，进而取得更加令人满意的结果。

(2) 过程控制

现实情况中，不少人习惯以结果为导向：只要工作、学习能取得满意的结果就可以了，又何必去管过程是什么样。现在来看这种观点是有局限性的。如果一味地只看重结果，而不重视过程控制，可能会引发"事后诸葛亮"的效果，因为结果具有时间滞后性，不控制过程很难保证结果的稳定和可靠。事实上，结果是由过程导致的，什么样的过程就会导致什么样的结果。因此控制过程的质量就可以控制结果的质量。

例如，好的学习成绩是平时正确的学习方法，加上相应的努力得来的结果。如果只关注考试，不注重平时的学习方法和学习过程，就很难提高成绩。一个大目标是由很多个小目标综合而成的，每个人需要依据自身的情况，制定好适合自己的合理目标，然后为实现眼前的目标不断地进行过程控制，来达到最终的目的。

2.5 当代大学生的质量与合规意识

2.5.1 质量与合规意识是成才的根基

正所谓"不以规矩，不能成方圆"，合规意识是质量文化建设的基础。合规告诉我们什么是必须要做的，以及为什么我们要这么做。

在很多学校的校训里都有类似"严谨""求实"这些要求，要求同学们在学习中以严谨的态度来治学，做到坚守学术道德，以实事求是的科学精神开展学习和科研工作，并制定了相应的违规处罚制度。这都可以看作学校对学生提出的合规要求。

有一些学生，放松了对这些合规要求的遵守。比如写作业时抄袭；写毕业论文或课程论文时东拼西凑、复制粘贴；还有的人甚至铤而走险，花重金找人代写论文……这些行为都属于弄虚作假，违反合规。"人而无信，不知其可也"，如果在求学期间就不讲诚信、投机取巧、应付了事，何谈高质量的学习能力，何以面对今后工作、家庭、社会的各种任务挑战，何以实现自己的人生目标呢？

如果说有些人对此还有侥幸心理，那我们来看看前哈佛医学院再生医学研究中心主任 Piero Anversa 教授的故事，看看这位昔日的科学界牛人是如何跌落神坛。Anversa 出生于意大利，自 2007 年起在哈佛医学院及其下属的布莱根妇女医院（Brigham and Women's Hospital）担任医学教授和再生医学研究中心主任。在他的整个职业生涯中，曾获得多项表彰，其中包括美国心脏协会（AHA）颁发的研究成果奖，在 2004 年也被评为"杰出科学家"。但最让 Anversa 名噪一时的是，他发现了心脏中含有可再生心肌的干细胞，称之为 c-kit 细胞，从而开启了心脏干细胞疗法这一领域。然而哈佛大学经过调查后 2018 年 10 月 14 日发布公告称，Anversa 教授的 31 篇关于心脏干细胞的研究论文中存在对实验数据造假或篡改行为。此前其在这些论文中宣称在心脏里发现了干细胞，这些干细胞可以用来再生心肌，因此可用于心脏病的治疗。但是世界上其他课题组却未能重复出这项科研发现。这一学术不端事件被哈佛大学证实的消息发布后，立刻引起了医学界的哗然。既然 Anversa 教授在学术界的鼎鼎大名是建立在不真实实验数据的基础上，那这个所谓的大名也是毫无意义的，他随即被解聘。而他曾任职的布莱根妇女医院就 Anversa 等人涉嫌学术不端、在项目申请书中通过伪造数据获取美国国立卫生研究院（NIH）项目经费等问题与美国政府进行交涉，最终认罚 1000 万美元。

与 Anversa 形成鲜明对比的是在我们国家，不管是以钱学森为代表的老一辈科学家们，还是像薛其坤院士这样的当代杰出科学家们，他们对于学习和研究，始终遵循严谨、严肃、严格的学术准则，值得我们敬佩和学习。

在 2019 年度北京市科学技术奖励大会上，北京量子信息科学研究院院长、清华大学副校长薛其坤荣获北京市突出贡献中关村奖，摘得北京科学技术最高奖桂冠。薛其坤是中国科学院院士、著名实验物理学家。他带领团队首次从实验上观测到量子反常霍尔效应，这是我国物理学家在过去 40 多年发现的最重要的全新物理效应。为了制造出能够产生量子反常霍尔效应的实验材料，他对实验所用材料磁性掺杂拓扑绝缘体薄膜材料纯度的这一细节的要求达到了近乎"偏执"的程度。这种实验材料除了纯度要求高以外，还要同时满足纳米级厚度、真正绝缘自发长程铁磁性等几项严苛的要求，而实现每一项要求都意味着要对细节高度重视、严格把握。经过四年的艰辛努力，薛其坤团队2012年12月终于全世界首次在实验室中发现了量子反常霍尔效应，并于2013年4月在《科学》杂志发表报道了这一重要发现。薛其坤多年来一直秉承严谨的治学态度、坚持对细节的追求。文章发表后，世界上多个研究团队都重复出了薛其坤团队发现的量子反常霍尔效应，证明了这一发现是真实可靠的。杨振宁教授曾毫不掩饰地夸赞薛其坤团队：从中国的实验室里头，第一次做出并发表出诺贝尔奖级的物理学论文。

从上面正反两个例子中，我们应该意识到，不管是名声多响的科学家，在追求科研成果的过程中，应首先秉承严谨、实事求是的科学态度，这是确保科研成果质量的大前提，也是促进科技进步和社会发展的真正推动力。假如抛弃了这一点，则无法保证结果的真实有效，其科研之路也必定走不远。因此，作为大学生，应该时刻牢记诚信做人、扎实为学，认认真真把书读好，这才是对自己负责的态度。

2.5.2 如何在大学阶段树立质量与合规意识

大学期间是人生发展的重要阶段，在大学阶段树立质量与合规意识，对我们今后的人生发展非常重要。

首先，对规则要有敬畏之心，养成尊重规则的习惯。规则无处不在，小到课堂的纪律，大到国家的法律法规。规则不是为了限制我们，而是让社会更有秩序。

其次，应认真思考未来的目标，并做好规划，努力提升自己的能力。我们学习了质量管理体系和方法，包括质量风险管理、变更管理、偏差管理以及纠正和预防措施等，这些方法可以帮助我们在做规划时科学地思考，实施过程中如果出现偏离目标的情况时，要分析原因，并用正确的方法进行纠正和预防，避免再次出现差错。这些方法在学习、生活中的实践应用，能够帮助我们少走弯路，更快速的成长。

习近平总书记在十九大报告中指出："青年兴则国家兴，青年强则国家强。青年一代有理想、有本领、有担当，国家就有前途，民族就有希望。"当代大学生作为国家未来建设的中坚力量，要树立和培养合规意识，提高自身思想素养，积极践行质量文化，未来才能创造更大的价值。

推荐视频

1. 浙江视界：天津爆炸。
思考：谈谈你看视频后的反思。
2. 东方大头条：高校实验室爆炸报道。
思考：如何避免类似事故的发生？
3. 网易视频：日本小林化工造假的报道。
思考：事故发生的原因是什么？

课后思考

1. 为什么树立合规意识对大学生很重要？
2. 全生命周期的质量管理体系具有哪些重要元素？
3. 质量管理体系元素如何运用到我们的学习生活中？能带来哪些方面的帮助？

参 考 文 献

[1] 赵万一.合规制度的公司法设计及其实现路径［J］.中国法学，2020（2）：69-88.

[2] 申桂英.市场监管总局发布 2018 年反垄断执法十大典型案例［J］.精细与专用化学品，2019，27（5）：13.

[3] 刘平羽，邵蓉.再议《药品管理法》的适用难点［J］.中国药师，2005，8（2）：150-151.

[4] 搜狐网.罚款 600 多万，新《药品管理法》实施后首个巨额罚单［EB/OL］.2020-03-10 [2022-01-10］. https：//www.sohu.com/a/379069800_114345.

[5] 中华人民共和国中央人民政府.天津港"8·12"瑞海公司危险品仓库特别重大火灾爆炸事故调查报告［R/OL］.2016-02-05［2022-01-10］.http：//www.gov.cn/foot/2016-02/05/content_5039788.htm.

[6] 新华社.公正的审理 深刻的警示：聚焦"8·12"特大火灾爆炸事故系列案件一审判决［EB/OL］.2016-11-09［2022-01-10］.http：//www.gov.cn/xinwen/2016-11/09/content_5130642.htm.

[7] 陈铮."齐二药事件"敲响诚信警钟：不诚信企业是药品安全的最大隐患[J].首都医药，2006，13（11）：10-12.

[8] 王明娟，胡晓茹，戴忠，等.新型的药品质量管理理念"质量源于设计"[J].中国新药杂志，2014，23（8）：948-954.

[9] 班克庆.论美国食品药品规制中的严格刑事责任及其借鉴[J].特区经济，2011（11）：253-257.

[10] 王华丽，张霁月，张俭波.《食品安全国家标准食品添加剂使用标准》（GB 2760—2011）的修订[J].中国食品卫生杂志，2011，23（6）：571-575.

[11] 谢咏梅.对丰田精益模式何以可能的探究[J].学术交流，2009（12）：151-154.

[12] 周颖.反应停致短肢畸形事件[J].药物不良反应杂志，2010，12（5）：335-337.

[13] 章伟光，张仕林，郭栋，等.关注手性药物：从"反应停事件"说起[J].大学化学，2019，34（9）：1-12.

[14] Franks M E, Macpherson G R, Figg W D. Thalidomide [J]. The Lancet, 2004, 363 (9423): 1802-1811.

[15] Armoiry X, Aulagner G, Facon T. Lenalidomide in the treatment of multiple myeloma: a review [J]. Journal of Clinical Pharmacy and Therapeutics, 2010, 33 (3): 219-226.

[16] Lacy M Q, McCurdy A R. Pomalidomide [J]. Blood, 2013, 122 (14): 2305-2309.

[17] 曾文.舒尔茨的"星巴克"传奇[J].劳动保障世界，2017（4）：46-47.

[18] 石长青.浅析质量方针与质量目标[J].水利技术监督，2001，9（6）：24-26.

[19] 卢有杰，卢家仪.项目风险管理[M].北京：清华大学出版社，1998.

[20] 徐硕.对长生生物狂犬疫苗事件的思考[J].中国高新区，2019（1）：290.

[21] 梁毅，陈磊.《药品生产质量管理规范》管理中偏差分类的方法研究[J].中国药房，2012，23（37）：3460-3463.

[22] 郑士辉，娄玲珠.制药企业纠正和预防措施（CAPA）体系的建立[J].中国现代药物应用，2011，5（10）：136.

[23] 梁毅，周文瑜，孙黄颖.论质量保证、质量控制与GMP的关系[J].现代管理科学，2013（10）：103-105.

[24] 张霁，张英俊，聂飚.药物研发中基因毒性杂质的控制策略与方法探索进展[J].中国医药工业杂志，2018，49（9）：1203-1220.

[25] 宇舒.超越欧姆定律：薛其坤和他的量子世界[J].十月，2019（1）：202-218.

第 3 章
质量与客户

3.1 谁是客户

关注客户需求是质量管理最重要的原则。客户是产品和服务质量的最终评判者，因此，卓越的个人和组织都执着于追求满足并超越客户的期望。通用电气变革带头人杰克·韦尔奇（Jack Welch）曾评论说："企业无法提供职业保障，只有客户才行。"沃尔玛创始人山姆·沃尔顿（Sam Walton）说："企业实际上只有一个真正的老板，那就是客户。"为满足和超越客户的需求，组织必须充分理解客户价值、客户忠诚、客户满意的产品或服务特性。为此，要提供高质量的产品，更重要的是快速应对客户需求的变化。

要想满足和超越客户的需求，首先要做到的是知道客户是谁。这听起来似乎没有任何难度，但"客户"的概念其实有很多不同的范畴。传统意义上对客户的认知往往是基于买卖交易的关系决定的消费者这一非常重要的群体。然而并非只有这些消费者才是重要的客户群体，在质量文化的理念中，客户的范畴有了更大的拓展，被定义为达到双方需求而建立的价值需求方，因此对客户的定义要考虑到价值供需的场景。举个例子，在企业内外，就有多种客户网络，可以这样理解：在企业之间，存在"外部客户"关系，如制造公司是原料公司的客户，因为产品的制造"需要"原料厂商的供给；在企业内部，也存在"内部客户"关系，如生产部门是采购部门的客户，因为生产部门"需要"采购部门提供购置原料、设备等的服务。这种需求关系会因需求环境而改变，不仅局限于产品、服务的需求，还可以延伸至生活、教育、文化甚至情感上的需求。这使得"客户"的概念与我们拉近，在不知不觉间，你已经成为别人的"客户"，别人也成为你的"客户"。在此，"客户"可以是个人、小组、团队，也可以是更大的群体。

对于大学生而言，也同样置身于各种供求关系中，会遇到不同的"客户"。为完成课题任务，你的客户可能是你的老师；为建立更好的人际关系，收获不一样的人生阅历，你的客户可能是学长、学姐等；还有，当你在学业上有所成就，取得不错的成绩时，你就没有辜负父母的期待，他们也是你的客户。归根结底，大家现阶段最首要的客户是自己，因为大学阶段是人生加速成长的时期，在此时期努力地提升自己，将来一定会为自己带来不小的收获。

在日常学习、工作和生活中，我们需要开始建立客户意识，识别不同场景下你的客户是谁以及他们的需求是什么。

3.2 识别客户需求

质量就是"满足客户的需求"，短短 7 个字，却让我们有了更全面的思索——客户有什么样的需求？

3.2.1 客户需求层次

客户的需求往往是多样化、差异化的，他们真正需要的，在我们看来不一定是很贵重的东西，就如中国有句古话叫作"雪中送炭"，炭原本并不贵重，但是在客户寒冷的时候，其价值就不一样了。本章将从需求层次出发，带领大家探索客户隐藏在"显性需求"之下的"隐性需求"。

尽管时代在变化，但是人的需求的本质自古以来变化并不大。人类的价值体系中存在两类不同的需求，一类是人类进化的本能或冲动，即低级需求或生理需求，这种需求容易被发现和满足，称其为显性需求；另一类是随生物进化而显现的潜在需求，比如个人的价值观、对成就的追求等，称之为高级需求，也叫隐性需求，难以被察觉，而这往往就是客户需求的真正驱动因素。

如何理解客户的显性需求和隐性需求？显性需求指的是客户直接讲出来的需求，或者可以直接观察到的需求，解决显性需求不一定是满足客户需求的最好方案；而隐性需求是显性需求的原因和根源，解决隐性需求才是满足客户需求的最好方案。

举个例子，小 A、小 B、小 C 三人同时表达出他们想看电视新闻，那么"看电视新闻"就是他们的共同显性需求。但是将同样的电视新闻播放给三位同学一起看时，他们就能得到满足吗？小 A 是一个时事爱好者，热爱针砭时弊，他看电视新闻的隐性需求是了解时事，为满足他的需求，你既可以给他播放电视新闻，也可以带他浏览网页新闻，还可以给他一叠近期的报纸；小 B 平时学业很重，他看电视新闻的隐性需求是缓解学习压力，为满足他的需求，你既可以播放电视新闻，也可以和他聊聊天谈谈心，还可以一起出去运动；小 C

是对股票市场感兴趣，他看电视新闻的隐性需求是第一时间获取行业信息，为满足他的需求，即时、客观的行业短讯相对于电视新闻来说也许是更好的方案。

在满足客户显性需求的情况下，同时能够满足其隐性需求是最好的方案。很多时候，客户的显性需求无法满足（假如无法为小 C 提供一台电视，他的显性需求就无法满足），那深挖其隐性需求未尝不是一个很好的方案（如给小 C 一些他关注的即时市场行情简讯），因为这解决了其显性需求的根源问题。

生活经验告诉我们，客户的需求时常会有变化。《管子·牧民》中提到"仓廪实，则知礼节；衣食足，则知荣辱"。国家的富强、文明的进步带来了经济的发展，在我国经济发展的不同阶段，人民的需求层次也有所不同。可以将人民群众的主体地位理解为我国的客户是广大人民。改革开放前的人民处于温饱阶段，需要解决的是生存问题，生理需求和安全需求可以打动大家；现在我国已进入全面建成小康社会的决定性阶段，人民的需求侧重在社交需求和尊重需求，从宏观的视角，可以看到人民的民族凝聚力和民族自豪感愈加强烈；在不久的将来，中华民族的伟大复兴必然会实现，届时人民会达到富裕阶段，由于社会产品极大丰富，人民具备高度思想觉悟，总体会关注在自我实现和自我超越方面的成长的需求。

由此可以看出，客户的需求会从低层次向高层次逐渐推进，他们往往也想要更高层次的需求得到满足。这一规律被美国心理学家亚伯拉罕·马斯洛（Abraham Harold Maslow）总结为马斯洛需求层次理论（图 3-1）。他将人类的需求从低到高分为：生理需求——人类生存最根本的需求，如对呼吸、进食、饮水或睡眠的需求；安全需求——保证人身安全，避免造成人身威胁；社

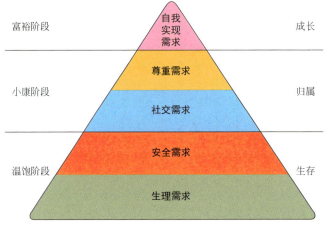

图 3-1　我国人民需求层次演变情况与马斯洛需求层次理论

交需求——渴望融入社会，找到归属；尊重需求——期望被尊重、被他人承认；自我实现需求——充分发挥自身才能、在事业上有所建树、实现理想。

马斯洛需求层次理论聚焦于人类本能需求的角度，可以将其进一步简化，成为客户的需求模型。在本书中，将客户需求划分为三个层次（图3-2）：物质需求——交付的产品或服务满足最基本的功能性需求；情感需求——产品或服务满足客户对于维护、增强、改善人与人之间亲密关系的需求；精神需求——产品或服务满足客户对于丰富自己精神生活、精神层次的需求。在发掘和引导客户需求时，了解客户目前的需求层次，有助于引领他更深层次的需求，从而提升客户的满意度，交付高质量的成果。

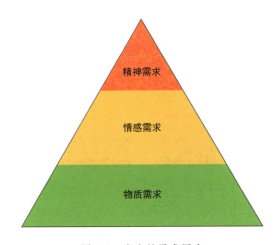

图 3-2　客户的需求层次

以经营餐饮公司为例，从传统的思维角度出发，物美价廉的餐食可以满足大部分客户物质上的需求；在此基础上，如果餐饮公司员工可以与他们建立足够的信任和良好的关系，往往就会吸引更多的"回头客"，因为这满足了客户情感上的需求；再进一步而言，如果餐饮公司能够以多样的形式（如主题活动等）满足客户精神的需求，那么会招揽相应的"情怀客人"，获得更多的客户支持。

3.2.2　理解客户需求

前文中将客户需求层次进行了解构，那么应该如何来理解客户的需求呢？

就算在世界领先的设计公司IDEO（曾设计苹果公司的第一个鼠标、站立式牙膏等创新产品），他们的设计工作也并不是凭空想象出来的，而是始于对客户需求的理解，而这些理解建立在人类学、心理学、生物学等多种学科基础之上。个人和组织首先需要了解影响客户满意的驱动因素，然后进行倒推形成方案。例如：客户对于办理信用卡的需求是什么？

① 账号申请方面：便利、快捷、准确；

② 信用卡使用方面：使用方便、费用合理、有福利；

③ 结账：及时、准时、易理解；

④ 客户服务：快捷、专业、便利；

……

基于这些需求，银行会设计各方面的流程和资源从不同角度满足客户，并建立一系列评估指标，如客户满意度、优质客户增长率、信用卡消费额等，以确认客户需求是否得到真正的落实。与此同时，对于客户而言，如果这家银行的信用卡已满足他的全部需求，当然是他的首选方案。

简而言之，理解客户需求的流程虽无固定的方法，却能简要概括为：接收客户需求——获得客户显性需求；获取驱动因素——解读埋藏在显性需求下的驱动因素；建立相关标准——设计和评估客户需求落实程度的标准；设计行动方案——围绕评估标准，进行行动方案的分解和落实（图3-3）。

图3-3　理解客户需求的流程

烹鸡大师弗兰克·珀杜（Frank Perdue）在做鸡肉生意时，首先了解到客户购买鸡肉产品的关键驱动因素，如黄鸡种、出肉率、新鲜、无残毛、品牌形象、供应便捷等，继而建立这些因素的相关标准，而后设计行动方案，如培育出肉率更高的鸡种、研发更适宜的饲料、探究更保鲜的供应链条等，全面且系统地提高这些因素的竞争力，最后其肉鸡主要市场份额达到50%，造就了著名的珀杜鸡场。

反过来，如果没有理解客户需求就贸然行动，会有什么样的后果呢？

作为"身经百战"的大学生，在考试、做作业的时候，出题人的需求是你能够正确解读题干，根据题干来正确作答。当你没有理解客户需求时，花费了很多力气，最后往往也很难得到高分。同样，在步入社会工作后，客户的需求就是重要的"题干"，理解客户的需求，做出合适的行动，完成高质量的交付，才能准确地完成任务，否则容易南辕北辙，带来资源的浪费。

当然，还有更具挑战的情况。很多时候客户所表达的内容并非他们真正想要的，或者客户表达的内容是非常模糊的，甚至与你的理解背道而驰。

确实，与客户的沟通环节往往有一系列的失真现象——交流过程的一些有意或无意的对信息内容的改变，如打错字、多了一个手势、用词不恰当等，都会导致沟通信息传达不到位或是不被理解。在这种情况下，我们可以探索客户需求的本质，如列出一些条目，供其选择，并在沟通过程中察言观色，加以引导，逐渐缩小选择范围，配合提问和谈心，测试出客户真实的意向。

3.3 客户需求对质量的引领作用

客户都希望得到高质量的交付，这意味着要站在客户的角度进行思考、表达、满足甚至超越客户的需求。"将客户置于最优先地位""让客户满意"是任何组织和个人首要的目标，所有高质量均源自对客户需求的准确认知。"换位思考"知易行难，要善于观察、善于思索，看到客户的需求、理解客户的需求，甚至引领客户的需求。

3.3.1 客户需求是质量的核心

对于符合质量标准的产品，客户一定会买单吗？

产品或者服务的最终检验方是客户，能够满足客户的需求才是产品或者服务的最终目的。一些质量标准，包括国家标准、地方标准和企业标准等的确都是为了满足用户需求而制定的，但从另外一个角度来看，符合标准只是过程，满足客户真正的需求才是目的。有时候产品符合这些标准实际上就等同于满足了各类客户的需求，但是在更多的时候却不是这样。

质量标准的制定大都是考虑了同行业的平均标准，而且多数是最低要求。当客户的需求超越了这些要求，那么仅仅符合质量标准的产品实际上并不等同于满足了客户的需求。产品或者服务都是在不断发展的，客户的需求也是不断变化的，同时标准也在逐渐完善的过程中，因此这三者在理论上是很难一致的。因此，产品或者服务不能只依靠质量标准来管理，而是要关注客户的需求。

在20世纪90年代，诺基亚是电子通信行业内首屈一指的品牌，说起诺基亚手机，不仅代表着"先进的技术"，更是手机行业中"质量"的代名词。然而，随着时代的发展，对于消费者来说，能够获得一台具有较多功能的手持终端，使得自己的生活更多彩、更方便、更灵活、更充实是他们的需求。从这种意义上说，诺基亚手机提供的通话功能已经不再是手持终端最重要的功能，而变成了一种基本功能。

如果从这种需求出发，手持终端的产品就应该向着"如何实现完美的客户体验，如何实现多种娱乐、移动办公功能，如何使用户的使用更加方便、快捷"等方向去考虑满足客户需求。遗憾的是，诺基亚的产品设计思想并没有跟上客户需求的发展，产品所解决的问题还是如何更好地实现通信功能，最终导致其被业内的竞争者们远远甩在了身后。

客户需求始终是质量的核心。在传统质量思维中，我们往往会无意中步入"以个人为中心"的误区。举个例子，就像果汁铺的老板，在客户口渴之时，他首先考虑的是如何提供一杯可口的果汁，也希望客户每一天都能喝果汁，这样既能获取很大的价值，也能满足客户的需求。但是，当客户不愿意喝果汁，而是想吃炸鸡时，他提供的果汁销售服务就不是客户的需求对象了。在此时，果汁铺的老板发现他现有的能力和资源无法满足客户的需求，于是会重新到人群中探寻那些想喝果汁的人，即开发新客户。这确实是有效的狩猎价值模式，但是也往往会使个人或组织挪向舒适圈——短期内会有收获，但长期看来，客户的需求往往被埋没，也同时让个人或组织陷入被动的情境。相反，成功的个人和组织往往能够为满足客户需求而突破舒适圈，就像果汁店老板遇到想吃炸鸡的客户时，可以考虑同步整合炸鸡业务，以更好地满足客户的需求，而不是守株待兔，期待其他想喝果汁的客户。

在日常学习、生活中，不乏接收到有挑战性的任务。在这些情况下，我们可能会衡量自己的能力和资源，考量自己是否可以胜任。当能力和资源可以达到要求之时，会有更多的信心去做好这个任务，但是当任务超出个人能力和范围之时，我们往往会对交付成果缺乏信心、止步不前。和果汁铺案例同样的道理，当客户的需求超出我们的范围之时，要务必以客户为中心，而非以自我为中心进行思考，将看似不可能完成的任务转化成自己的竞争优势——根据客户的需求，认为自己"能行"，考量自己可以如何通过提升能力或获取资源来达到任务的要求，以更好满足客户需求。

3.3.2 客户需求的持续变化

随着时代变化，经济不断发展，人民更多地关注于对美好生活的需求。在这个客户需求日新月异的时代中，组织制胜的关键在于紧跟客户需求、挖掘和开发新的客户需求。一旦客户的需求和角色发生变化，组织和个人需要迅速调整以适应变化的需求。

我们不难发现，时代变迁中，企业的边界变得越来越模糊，曾经专注无线网络寻呼系统的腾讯现已成为国内最大的互联网综合服务提供商之一；曾经专注于交换机生产的华为现已覆盖手机、终端云、云计算等多个领域；曾经专注于搜索引擎技术的谷歌现已涉足移动设备安卓系统以及智能技术等领域。经济高速扩张的时代下，企业之间的竞争明显更为激烈，也愈发残酷——它已不仅仅发生在同行业之间，跨界竞争也越来越普遍。2017年，尼康关闭位于无锡的工厂，并裁员2000余人，退出中国市场。很多人认为尼康输在与同行索尼、佳能等公司的竞争，但是事实上，尼康退出中国市场的真相在于智能手机的普及。近几年口香糖销量骤降，其背后原因竟是智能手机与社交APP的普及——在过去超市收银台的消费情境中，排队感到无聊时顾客可能会挑选两盒口香糖放到购物篮中，但现在大家习惯边排队边看微信、刷微博、看短视频等，直接导致口香糖销量下降。

"我打败你，与你无关"，在这个跨界竞争、飞速变化的时代，你永远无法想象你的下一个竞争对手是谁，你也很难猜想到哪些新兴产业会打败哪些传统行业，类似的案例不胜枚举。所以，唯一不变的就是变化，我们该如何面对这种现状呢？

答案在于紧跟"客户的需求"，这是组织和个人生存和发展的关键。

21世纪伊始，众多企业为取得高速发展，尽可能多地争取市场，在这过程中，质量的管理往往被忽略。2000年的华为也经历了类似的情况，创始人任正非意识到质量问题的关键性，亲自召开质量反思大会，明确了"以客户为中心"的价值观。任正非曾说："华为走到今天，就是靠着对客户需求宗教般的信仰和敬畏，坚持把对客户的诚信做到极致。"华为2010年建立了一个特别的组织"客户满意与质量管理委员会"，旨在让每一层级组织都对质量有更深刻的理解——知道客户的诉求，把客户最关心的东西变成改进的动力。华为认为质量不仅仅是大家普遍认识的稳定属性，如耐用、不坏等，而是一个大的质量体系，在基础质量之上，还有一个重要的指标，就是客户需求的满足。于是，华为大刀阔斧地学习国内外优秀管理模式、发展核心技术体系，更多地关注客户，不断增加创新研发投入，以满足甚至引领客户的需求。2016年，华为获得"中国质量奖"，2018年在中国电子信息百强企业中排名第一。华为的壮大甚至让美国产生了威胁感，2019被美国列入"实体清单"进行打压。华为的持续壮大，动摇了全球科技领域"龙头老大"的地位，甚至步入行业内的"无人区"——无人领航、无既定规则、无人跟随。这一切，离不开华为"以客户为中心"的价值观和企业文化。

卓越质量的前提是契合客户的需求，客户需求往往基于环境情景而改变，基于客户实际情况判断客户需求将有利于满足他们的需求。

美国最大的网络电子商务公司亚马逊的创始人杰夫·贝索斯（Jeff Bezos）曾经提到，亚马逊的目标就是成为"地球上最以客户为中心的公司"。他是怎么做到的呢？同时代的很多企业都奉行模仿竞争对手的策略——紧密关注竞争对手，他们的行动如果顺利，那就立即模仿。在这样的市场环境下，贝索斯仍然坚持提出，在商业竞争中，不能以竞争对手为中心进行模仿，而应该抓住客户需求这个核心。因此，他不断围绕这一核心去优化公司流程：无限选择、最低价格、快速配送。通过自问"这个产品对客户重要吗？"发明了"一键下单"功能，建立"万有商店"，推出 Kindle 电子阅读器……凭借"客户至上"思维，亚马逊走上了疾速成长的道路，其对满足客户需求彻头彻尾的贯彻执行也成为商界教科书式的典范。

3.4 完成高质量交付

随着对客户需求的探索，如何完成高质量的交付成为企业的重要任务。高质量意味着能够满足客户需求的正确特征，并且以最少的失效、差错、缺陷、不良来真正满足客户的需求。为此，遵循客户管理流程（图 3-4）将有助于帮

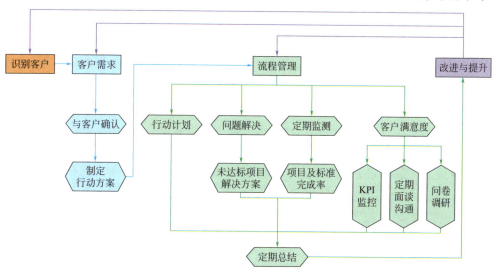

图 3-4　客户管理流程

助企业完成高质量的交付，满足客户需求。

3.4.1 客户管理流程

客户管理流程主要由"识别客户""客户需求""流程管理""改进与提升"四大模块组成，旨在围绕客户需求，持续改善，从而完成高质量的交付。

(1) 识别客户

基于3.1节关于"客户"的描述，根据供需关系，识别不同客户。在本章节，客户的范畴不局限于经营关系，还关注双方合作与交流等。

(2) 客户需求

当客户被识别出来，我们可以从客户的角度出发，发掘和明确客户的需求。发掘和明确客户需求的方法有很多，如调研、头脑风暴等，并通过尽可能的充分沟通，了解客户的预期，与之确认，就需求内容达成一致，进而根据需求内容，制定行动计划。

在此需要注意的是，基于内外部环境变化或是沟通过程、项目进展等的推进，对客户需求的确认往往是一个持续的过程，可能是由模糊到清晰，也可能是从已知到未知，这都是正常的情况，我们需要做到的是在资源和能力允许的情况下，尽可能将客户需求明确而详细地记录下来。在这里，推荐一种记录原则——SMART需求记录原则。SMART指的是具体的（Specific）、可以衡量的（Measurable）、可以达到的（Attainable）、与其他目标具有一定的相关性（Relevant）以及必须具有明确的截止期限（Time-bound），以此确保需求目标明确，并保障达成客户需求的效率。

举一个实际的例子：小Q决定"在新的一年中要好好减肥"。这一需求就不满足SMART原则，不注重具体目标和举措，难以衡量成功与否。如果小Q在今年增加了饭后散步的时间，那么即使他最终体重明显上涨了，但是仍可能不违背其"好好减肥"的决定。相反，从SMART原则出发，把需求目标改为"在新的一年里，要每月减重0.5 kg，为达到这个目标，不吃夜宵，每天晚上在学校操场跑3 km，在今年年底之前完成减肥计划"。相比较而言，这一目标就更可衡量（每月减重0.5 kg等量化指标）、更具体（不吃夜宵、每晚夜跑），并且规定了时间限制（年底前达成）。

(3) 流程管理

为更好地满足客户需求，需要落实一系列的流程管理。

1) 行动计划

根据行动方案，细化行动计划，该计划需要在各方面达成一致。因此，行动计划的制定过程需要综合考量"行动范围"——界定行动的范畴和涉及面的广度，"行动进度"——确认行动的关键时间节点，"行动成本"——估算行动所需的成本，"行动质量"——确认行动高质量交付的标准，"行动资源"——行动过程中所需要的人员、资金、设备设施、时间、信息、方法等，"行动风险"——在整个行动过程中，可能出现问题导致行动失效的节点，"行动相关方"——识别该次行动所涉及的相关人员，在必要时需要进行沟通和合作等。"凡事预则立，不预则废"，行动的计划对成果的交付至关重要。

2）问题解决

在行动执行过程中，如有计划以外的问题，导致项目悬而未决、未能达标等情况的，需及时与客户沟通，并鼓励所有相关成员参与讨论，共同商讨问题解决方案。

变化贯穿项目的始终，作为项目交付者，需要承担最终责任，因此在项目进行的任何时间和任何方面，遇到任何问题，任意相关方都可以提出该问题。项目交付者应该尽可能召集相关人员进行沟通和决策，为解决问题做适当的项目变更，以最大限度地满足客户的需求。

3）定期监测

在项目执行的过程中，要按既定时间间隔，在特定时间或是异常情况出现时，对项目进行监测，包括定期收集项目进展信息、分析和控制偏差、评估进展趋势、找出可选方案、找出必要的纠正措施。持续的监测可以帮助各方洞察项目的健康情况，并识别需要格外注意的问题，这些都是高质量交付的保障措施。

4）客户满意度

通过客户满意度的管理提升客户总体满意度，以保持相对竞争优势。客户满意度管理是交付者为项目持续发展采用的普遍方法。

随着个人和组织的发展，核心架构极有可能与客户的距离渐行渐远，客户的声音得不到真实的反馈，这是任何组织都需要规避的风险。战国时，齐国谋士邹忌劝说君主纳谏，使之广开言路，以改良政治，其中一个非常著名的举措是"群臣吏民能面刺寡人之过者，受上赏"，这就是齐王敢于直面"客户"反馈，倾听和管理客户声音的表现。相反，如果一个组织听不到客户的反馈，就会造成"脱离群众"的困境，久而久之，他们会认为一切太平无事，但问题不断积累，从量变引起质变，最终背离客户，导致组织失利。客户的事无小事，任何组织都应该对客户的满意度保持敬畏之心，了解客户对企业的真实评价，发现问题的蛛丝马迹，在萌芽状态解决问题。因此，客户声音的倾听和管理，是组织针对客户的各种需求、期望、意见、抱怨、评价和反馈的管理。

客户满意度信息的收集方法主要有被动信息收集和主动信息收集。

被动信息收集：被动等待信息的方法，如许多企业设置了客户服务热线，这往往是客户在产品和服务相关领域遭遇问题时主动沟通的渠道，这一模式是一种常见的客户满意度评价方式。

主动信息收集：主动收集信息的方法，如许多个人和组织会主动进行客户访谈，并跟踪问题解决情况。如果你是客户，遇到这样的交付者，也会对其充满信心，认为这是一个值得信任的对象。所以卓越的个人和组织往往主动与客户交流，收集客户信息，具备自我批判和面对问题的勇气。要珍惜客户的反馈，就像一句台湾俚语说的"嫌货才是买货人"——愿意指出问题的客户是珍贵的伙伴和朋友，而不是敌人。

客户满意度调查也是一个持续的过程，好比在 20 世纪 70 年代，一家人能吃上一顿肉就能够得到很大的满足，这一情况放到 21 世纪就不再成立了。所谓质量文化，推崇的是不断满足客户需求，追求卓越，持续改进的过程。所以客户满意度的收集和管理直接决定了质量的可持续发展、达到超越客户期望和与时俱进的标准。

(4) 改进与提升

客户管理是一个持续改进的过程。识别客户、客户需求及流程管理的过程中，均可通过双边、多边沟通，提升绩效及改进标准，不断提高客户满意度。

3.4.2 交付质量维度

在客户管理过程中，高质量的交付应始终以"客户满意"为核心，为此，需要关注产品质量、服务质量、沟通质量、维护质量和共创质量这些交付质量维度。

产品质量是质量传统的概念，涵盖产品的营销、设计、制造、维修。纵观全球优秀企业，能列举出很多高质量而深入人心的产品——"开不坏"的丰田汽车、精密的瑞士钟表、不断创新的华为手机等。

服务质量是组织和个人在竞争中制胜的法宝。去过海底捞的人都会对其周到的服务印象深刻——哪怕菜品无法满足你的需求，海底捞的服务也能让你沉浸其中，服务质量紧紧围绕客户的需求，为产品质量锦上添花。

沟通质量指需要真正科学地了解客户需求的过程。1927 年，美国宝洁公司出现了第一名产品经理，其工作的重点内容就是进行对内、对外的沟通。这一创新成效良好，并后续在更多的行业内得到推广。高质量的沟通带来高质量的产出，因为高效的沟通能够帮助双方/多方增进理解，快速达成共识，避免各执已见、无的放矢等情况出现。低效的沟通对实现质量目标无益，而高质量的沟通对质量目标却有推动作用。

维护质量指从不断保障客户需求的角度出发，需要常常对产品和服务进行质量的维护。举个生活中的例子，迄今为止已建成600余年的故宫，是如何做到仍旧保存完整、每天气势恢宏地迎接八方游客的呢？答案在于维护。在故宫维护团队看来，高频率的维护和常态化的检查是他们的日常工作，对于如此大规模的木质古建筑，平均3年便会完成一次完整的维修，其工作量可谓巨大，但也正因如此，故宫的游客常年络绎不绝。

共创质量是指在信息传递发达的时代，供方与客户实现信息互通，实现共同参与，创造价值。微信早在2011年推出1.0版本时，还因为无法发送免费短信而饱受诟病；随后频繁地推陈出新，增加了语音信息、音视频通话、摇一摇、扫描二维码等功能，增加用户体验。此外，还推出了朋友圈、公众号、小程序这三大"创客空间"，用户可以通过朋友圈自由分享自己的观点、感悟乃至日常生活；公众号平台让那些有创作欲的用户找到一片大展身手的天地，并能找到一群情感相通的读者；2017年上线的小程序，仅一年时间内，平台上的开发者就已经超过了150万人，截至2018年12月，微信小程序覆盖超过200个细分行业，服务用户超过1000亿人次，年交易增长超过600%，创造商业价值超5000亿。微信研发团队看似始终埋头摸索新的开发路径，实则在不断与客户互动，共创一个新的通信时代——微信时代。因此，质量的范畴始终围绕着客户的需求和实现与客户共创高质量的产品与服务。

3.5 大学阶段的客户需求

在当今和未来的社会中，个人和组织存在的价值很大程度上与客户相关。对于大学生，无论创业、就业或是深造，始终要清晰识别你的"客户"以及"客户需求"，这将会是未来成功的关键。

在大学阶段，我们首先需要正确认识不同的"客户"，作为大学生，谁是我们的客户，他们有着什么样的需求？是父母、老师殷切的期望，还是自己舒适的未来？在此，我们需要知道在大学阶段的学习目标是什么。

习近平总书记在北京大学师生座谈会上的讲话中，提到我国自古讲究"格物致知""诚意正心""修身齐家治国平天下"，对应的"客户"则分别是"自我""社会""国家"。

从某种角度看，"格物致知""诚意正心""修身"是以"自我"为客户的需求。在未踏入社会前，需要抓紧时间"独善其身"，与其说学习是为了更好的生活，不如说学习是一种思考与认知，它并不能为你带来直接的财富，却有助于你更好地了解这个世界，改变你对整个世界的认知，对每一件事的态度。我们不断地用知识去丰盈、充沛内心的同时，可以不断拓宽眼界，调整自己。当你认知到骄傲自满的缺陷，学会了自谦低调；认知到道德伦理的尺度，学会了原则礼法；认知到自由的局限，学会了对人生的把握；认知到苦难挫折的必然，学会了坚韧坦然的面对；认知到仁义礼智信，学会了诚实敬重……学习可以教会你在容易与困难、前进与后退、诱惑与坚持、冲动与理智之间如何做取舍；可以教会你如何创造价值；可以使你知道什么才是你要的生活。

"齐家"是以"家庭"为单位的"社会"的需求，要知道，在大学阶段所学的内容对自己、对家庭、对社会都是重要的。大学校园其实也是一个小"社会"，是正式踏入社会前的预备环节，我们要充分利用大学时间，尽可能地参与学生活动，以了解和探索不同环境下的不同需求，展现自己的价值。在大学阶段，我们还需要提前了解社会及其需求，从而激发出强烈的社会责任感，将自己的兴趣、优势和长处与社会对接，找到自己的合适位置，为今后的人生找到方向。

作为即将踏入社会的大学生未来如果想要进入企业，应该从用人单位的角度出发，了解他们期待什么样的人才，就可以做到有的放矢，朝着目标前进，进入企业后也将顺利适应企业的要求，有益于个人的发展。

编者整理了一些用人单位对应届大学生的能力需求，可作参考：

① 沟通能力——通过沟通理解双方需求，并做到主动积极反馈；
② 时间管理能力——多任务的环境下，有工作重心，做到按时交付；
③ 学习能力——养成不断学习的习惯，做到自我提升；
④ 逻辑思考能力——抓住问题本质，并解决问题；
⑤ 积极主动的态度——以"我能行"的态度面对挑战和困难；
⑥ 演讲技巧——演讲具有说服性、逻辑性、丰富性、感染性、掌控性等；

⑦ 职业发展规划——结合个人的目标，设计和规划属于自己的职场生涯。

"治国平天下"是以"国家"为客户的需求。踏上社会之后，我们在"独善其身"的同时还要思考如何"兼济天下"，"实现中华民族伟大复兴"是近代中国人民最伟大的梦想，也是 14 亿多人伟大的奋斗目标。"天下兴亡，匹夫有责"，当你将个人的目标与民族、国家正在奋斗的目标相结合，你就会拥有源源不断的内驱力，最终实现自身的价值。

在大学阶段，我们要认识到正确的客户。将自己作为客户，加速成长，提升个人竞争力和先进性；将社会作为客户，激发自己的社会责任感，以造福社会；将国家作为客户，通过个人的学习和成就为"中国梦"做出贡献。

推荐书目

《客户思维》苏朝晖
《任正非：以客户为中心》王伟立

推荐视频

哔哩哔哩：为什么马斯洛需求层次理论如此重要？

思考：结合客户的需求是质量的核心，请识别你学习生活中的 1~2 个客户，说出他们对你的需求项，并指出他们的需求项归属于马斯洛需求层次中的哪一层次？

课后思考

1. 在你目前所有的经历中，哪些客户给你带来了很大的帮助？哪些客户你遗憾地失去了，为什么？
2. 哪些方面你可以做得更好？而这些方面和质量有哪些关系？

参 考 文 献

[1] 单永贵.华为的国际化之道[J].苏南科技开发，2006（5）：39-42.

[2] 余明."谷歌"操控下的"安卓系统"[J].机电信息，2013（19）：17.

[3] 水木然.我消灭你，但与你无关[J].党员生活（湖北），2021（5）：57.

[4] 李明玉.我认知的企业家精神[J].企业管理，2017（12）：46-47.

[5] 黄文秀.马斯洛层次需要理论与大学生思想政治教育对策的选择[J].浙江中医药大学学报，2006（3）：300-303.

[6] 张琪.腾讯，如何让微信成为生活方式？——基于微信更新特点的传播机制研究[J].新闻世界，2015（5）：105-106.

第 4 章

质量与创新

4.1 什么是创新

创新是指人类为了满足自身需要，不断拓展对客观世界及自身的认知所进行的实践活动和产生的结果。具体来讲，创新是指人们为了一定的目的，遵循事物发展的规律，对事物的整体或其中的某些部分进行变革，从而使其得以更新与发展的活动。如科学家屠呦呦提取了抗疟疾药物青蒿素，大家从小就耳熟能详的四大发明（指南针、造纸术、火药、印刷术）等，都属于创新。

英国一家杂志社曾对它的读者做了一个调研：过去的 150 年里，最伟大的技术创新是什么？调研结果显示，过去的 150 年里，最伟大的技术创新是抽水马桶。因为在抽水马桶发明前，欧洲城市污水横流，臭气熏天。粪坑造成的地下水污染再加上人们日常的接触，使得各种流行病，特别是霍乱和鼠疫大行其道，每次暴发都夺走成千上万条性命。直到现代抽水马桶的发明及伦敦下水道的城市排污系统的开发，使千家万户马桶冲走的污物统一排出城市才改变了这种情况。抽水马桶发明后不到五年，伦敦的人口死亡率便下降了将近一半，且大规模瘟疫再也没有暴发。人类为了活得更健康长寿，发明了无数药物和医疗器械，但是没有一种发明像抽水马桶一样拯救了那么多的生命。抽水马桶（以及城市排污系统）当之无愧是人类文明史上最伟大的发明之一。

纵观整个人类发展历程，重大的历史转折点，大多伴随着创新。所以从某种意义上，创新起到了推动历史进程的重大作用，创新活动在当时的社会背景下，创造出了"新"的价值、"新"的业务模式、"新"的机会，满足了新形势下的大众需求。

企业创新式发展研究者钱科宇老师曾在他的文章中将创新分为四种模式，即从无到有的创新、从有到优的创新、重新定义的创新以及重新组合的创新。

4.1.1 从无到有的创新

从无到有的创新指那些有益的"发明"或革命性的技术成果，大到划时代意义的蒸汽机、电灯、飞机，小到一颗螺丝、一个轮子。通俗地讲，从无到有的创新，就是创造发明原本不存在的事物，或是发现原本未被发现的物质或功能。

1698 年，第一台工业蒸汽机诞生，随着蒸汽机技术的不断发展，人们的劳动力被极大地解放出来，劳动效率也大大提升。如被誉为"矿工之友"的蒸汽提水机的发明，使矿工们不再需要依靠人力将水从矿洞深井中运出。

中世纪时期（公元 5 世纪至 15 世纪），木匠常使用木钉或金属钉子将家具和木结构的建筑连接起来，直到 16 世纪时，制钉工人开始制作带螺旋线的钉子。至此，螺丝才被人们发明出来。螺丝的出现，使不同物件之间的连接更加牢固。试想一下，如果汽车零件之间仅用钉子连接，将会有多大的隐患。

这些从无到有的创新，为我们的生活带来了极大的便利，对推动社会发展至关重要。

4.1.2　从有到优的创新

从有到优的创新指对已存在的事物或模式进行改进和优化，以满足新的形势和客户需求。例如电灯的灯芯材料就从铂丝、碳丝，发展到普遍应用的钨丝；计算机在硬件上从笨重的台式机，发展到如今轻巧便携的笔记本、一体机，在操作系统方面从 DOS 的命令界面，发展到 Windows 的可视化界面；我国火车从建国初期每小时几十公里的蒸汽机车，发展到如今每小时数百公里的动车。每一次的优化创新都给人们带来了全新的体验，并使客户群体保持高涨的消费热情。

这些从有到优的创新，代表了人们的不断进步、对美好生活的需求不断提高，将人们的生活质量推向更高峰。

4.1.3　重新定义的创新

重新定义的创新指对已存在的模式进行转化，另辟蹊径，不走寻常路，以差异化效果取胜，这样的例子在我们周围比比皆是。

各大智能手机公司的研发部门通过应用多点触控技术，重新定义手机屏幕的存在意义，有了如今智能手机的触摸屏。另外，通过对手机功能的重新定义，手机不再只是通话的工具，而是集多功能于一体的手持终端，生活购物、看书、支付、办公等都可以通过一部手机完成。

事物的定义并不是一成不变的，随着社会的发展，人们对生活的需求也在不断变化，通过对事物重新定义的创新，可以不断挖掘出旧事物的潜力，创造出新的价值。这就是重新定义的力量。

4.1.4 重新组合的创新

重新组合的创新指已有的事物或模式之间互相增益、互换资源、取长补短、重新赋能,开拓出新的领域和价值链。

外卖平台将餐饮业和物流运输业有效整合在一起,开创出新的消费领域;拥有充电功能的手机壳是充电宝和手机壳的完美组合;瑞士军刀也是一个非常典型的重新组合的创新,通过将一个个小工具组合,整合多种功能,非常方便外出时使用(图4-1)。

图 4-1　重新组合的创新

综合上述这些例子,不难看出,创新无处不在。但需要强调的是,创新的出发点不是利润最大化,而是创造客户或创造可被满足的客户需求。同时,创新活动也赋予了资源一种"新能力",使它能够创造出更多的客户价值。因此,任何牺牲了客户价值的活动,都不能称为真正意义上的创新。

4.2　创新与质量的关系

质量是指"满足客户的需求"。创新是为客户创造出"新"的价值,将未被满足的需求或者潜在的需求转化为机会,并创造出新的客户需求。因此质量与创新是相互依存的:脱离了质量的创新,就是忘记了客户需求的创新,是没有意义的创新;以客户需求为出发点的创新,才能成就高质量。

高质量的创新是"将新的想法、新的主意、新的设想，以物理或非物理的方式呈现出来"，并能提高产品的适用性以最大程度满足客户的需求。高质量的创新对国家和企业的发展都至关重要。

4.2.1 创新是社会进步的动力

创新能够推动社会高质量发展，满足人民日益增长的美好生活需要。创新是一个国家和民族发展进步的源头活水，只有创新才能占得先机、取得优势、赢得未来。

我们国家从站起来到富起来再到强起来，从跟跑到并跑再到领跑，都是依靠创新，尤其是科技创新。只有创新，我们才能把核心技术牢牢掌握在自己手中，解决"卡脖子"的问题。

我国已有多种技术取得突破性进展，并处于国际领先水平，如超高精度定位技术、量子计算机、多技能性人工智能等等。从太空到深海，中国有很多让世界刮目相看的创新奇迹，如"天眼"探空、"墨子"传信、"蛟龙"探海、大飞机一飞冲天等。2020年开通的北斗三号全球卫星导航系统也将为自动驾驶汽车、送货机器人等提供更精确的定位服务，为人们的生活提供更大的便利。

中国高质量的创新已取得丰硕的成果，未来可期，但要解决更多的"卡脖子"问题，还需要我们一代又一代人继续努力奋斗。

4.2.2 创新是企业发展的活力

昔日的"机王"诺基亚，由于仅关注产品耐用性等方面的质量，未能紧紧地抓住客户需求进行与时俱进的创新，而最终失去市场。

对于企业来说，创新即是"10倍增长的机会"。下面以字节跳动和扬子江药业为例讲述它们是如何抓住创新机遇迅速发展的。

在信息匮乏时代，人们常通过各种渠道，如报纸、电视新闻获得信息。但在如今信息爆炸的时代，人们的困扰不再是信息匮乏，而是被淹没在信息海洋中。此时，人们面临着从庞大的信息网络中高效找寻自己感兴趣的信息的困难。面对客户的这种困境，字节跳动推出了今日头条资讯客户端，创新性地将各种信息内容聚合至平台，再通过算法，根据用户的阅读习惯并结合用户所处的环境和所阅读的文章内容，为每一个用户推荐切身相关的有价值的资讯，实现"信息找人"，从而满足客户的个性化需求，受到了广大用户的青睐。

据统计，截至2021年初，今日头条资讯的用户量已达7亿，每日资讯阅读及播放量达3亿以上。截至2021年2月份，字节跳动的市场估值已达5500

亿美元，在中国互联网公司中排名第三，实力远超百度、京东。这家成立于2012年的年轻公司，如今已成为中国乃至全世界发展势头最迅猛的互联网公司之一。字节跳动正是通过技术创新，满足客户个性化需求，将质量和创新完美结合，从而赢得了市场。

扬子江药业于1971年创立，起初是一家不知名的乡镇小厂，经过不断发展，成为引领中国医药工业发展的行业龙头。

关于质量，扬子江药业前负责人徐镜人曾多次表示，"品牌是企业的灵魂，质量是品牌的灵魂"。扬子江药业生产的药品在整个生命周期都经过严格的质量把关。正是靠着对质量的精准把握和至臻追求，扬子江药业才一步步走到今天。

在产品研发环节，扬子江药业坚持质量源于设计，把握客户需求，严把药品研发关，杜绝先天设计缺陷；在生产制造环节，严格执行《药品生产质量管理规范》，广泛应用国内外最先进的设备和技术。

扬子江药业风雨砥砺五十载，在强调质量的同时，更是不忘追求突破、追求革新。谁走好了科技创新这步先手棋，谁就能占领先机、赢得优势。只有注入"创新"的活力，才可以历久弥新。当下真正的商业护城河，是不断地去拥抱创新，不断地去创造长期价值。

从扬子江药业不断发展壮大的过程中，我们不难看出，质量是创新的基础，创新是质量的升华。质量与创新双轮驱动，才让如今的扬子江成为中国的骄傲。企业为了能够长远发展，需要质量与创新并举。可以说，质量决定了一个企业能走多远，而创新决定了一个企业能飞多高。

当今世界瞬息万变，唯一不变的是变化，只有不断创新，才能求得高质量的长远的发展，赢得未来。

4.3 全面质量与创新

在"质量与客户"章节提到过马斯洛层次需求理论，在产品的整个生命周期中，也存在类似的四个维度的质量创新，分别为设计质量的创新、制造质量的创新、市场质量的创新、品牌质量的创新（图4-2）。这四个维度始终贯穿着质量创新的理念，从而保持高质量的创新与客户需求的高度匹配性。

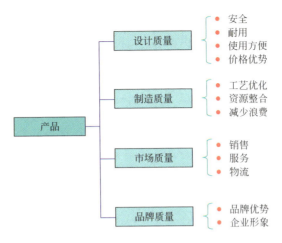

图 4-2　全面质量与创新的四个维度

以手机产品的生命周期为例。

首先,在设计阶段,需要以创新思维全面考虑客户需求,比如手机的安全性、耐用性、屏幕尺寸和内存大小是否合适、手机性能及价格定位是否与客户的需求相匹配等等。

其次,在制造阶段,需要考虑的是整合设计阶段的所有要素,持续生产出质量稳定的产品。比如:如何提高手机的出厂合格率、降低客户返修率,如何降低手机在生产过程中的制造成本等。

再次,在市场阶段,需要综合考虑销售渠道和物流服务,比如:采用实体店销售时,用户购买产品是否方便;抑或在没有实体店时,如何通过网络销售进行产品推广,如何实现物流配送和送货上门服务,如何便捷地退换货等。

最后,在品牌阶段,我们主要考虑的是这个品牌对客户意味着什么,也就是我们所说的产品"定位"或"标签"。正如小米是"高性价比"的代表手机,而华为则是"民族品牌的骄傲"一般,这就是两个品牌分别向客户传递的定位和标签信息。

所以说,一个好的产品,不管处于哪个阶段,"质量"与"创新"这两个要素都是不可或缺的。

4.3.1　设计质量的创新

设计阶段质量创新的主要关注点在于产品力,提高产品的性价比。

产品力是产品在市场中的立足之本,它包括优异的性能、良好的经济性、稳定耐用等。这很容易让人联想到一个词——性价比。性价比是商品的性能值与价格值的比,是能够反映物品可买程度的一种量化的计量方式。许多公司,特别是一些初创公司,其产品通常会以性价比作为产品力的重点。

比如前文提到的小米手机,以高性价比著称,其性能参数堪比市场上售价为其2到3倍的产品。丰田在刚进入美国市场时,还是价格低廉、质量低劣的代表,其市场认可度远不及德系、美系品牌。然而丰田抓住了石油危机的契机,设计出相对省油的汽车,并配以耐用性、可靠性及较低廉的售价,以性价比较高的产品迅速占领了美国市场。直至今日,丰田汽车在全球市场都有举足轻重的地位。

同时,设计阶段的质量创新也可以从细微处着手,着重提高客户满意度。比如大家常用的报事贴,其不同的颜色除了能够满足不同客户的偏好外,还能有效提高辨识度。一般情况下,人们对于同一种话题会使用相同颜色的报事贴来记录,以便于后期的分类、整理和归纳。除此之外,它还有不同的尺寸:小尺寸可用作标记和提示;中等尺寸适用于各种会议和工作坊;大尺寸则可当作临时笔记本日常使用。另外,报事贴还有不同的样式,可以制作成不同的形状,对应不同的使用场景进行定制,并且可以配上不同的图案和底纹,增加趣味性,还可以和台历、底座等结合,增加多元性。这就是创新性设计的力量,它满足了不同层次的客户需求。

当然,设计阶段的质量创新也可以通过不断地引入新兴技术来逐步满足客户需求。比如"胶囊胃镜"(图4-3),全称为"磁控胶囊胃镜系统",患者只需随水吞下一粒胶囊内窥镜,医生便可通过软件实时精确操控体外磁场,从而控制胶囊在胃内运动,改变胶囊姿态,按照需要的角度对病灶重点拍摄照片,达到全面观察胃黏膜并做出诊断的目的。在这个过程中,图像被无线传输至便携记录器,在数据导出后,还可

图4-3 胶囊胃镜

回放以提高诊断的准确率。病人经过15至30分钟便可完成胃部检查,全程无创,无交叉感染风险,且胶囊会自然排出体外。

与传统的胃镜检查相比,磁控胶囊胃镜系统通过创新性的设计,更好地满足了客户(患者和医生)的需求:对于患者来说,"胶囊胃镜"没有传统胃镜检查带来的不适感(疼痛、恶心、呕吐、反胃等),安全且舒适;对于医生来说,"胶囊胃镜"降低了检查的复杂度和难度,提高了检测效率和精准度。

因此,以客户需求为导向,在设计中进行创新,努力提升产品力,是保障客户需求和企业创新发展的基石。

4.3.2 制造质量的创新

制造阶段的质量创新着重于产品工艺的不断优化、资源整合和减少浪费。

一种新产品的问世,离不开大规模的生产以供应市场需求。因此,制造中的工艺创新就变得尤为重要。一种优良的制造工艺在一定程度上能够保障并提高产品质量和生产效能。

二十世纪八九十年代,中国的制造业还以手工作坊为主,那个时候手工生产一样东西,耗时长不说,质量还不稳定。许多手工制造的产品在当时的质量等级就有合格品、一等品、二等品和等外品之分,这些等级的划分就是质量不稳定的体现。而现在的市场上早已没有了这些等级的概念,这正是由于中国的制造方式发生了改变,通过全自动的生产和包装流水线,产品不仅能被快速生产,还能保证质量稳定可靠,有些产品甚至可以达到零缺陷出厂,这就是制造质量的创新成果。

工艺优化就是一种在保证产品质量前提下的制造创新。工艺优化小到改变一个产品的生产工艺参数,这种优化可能对产品产量、质量、生产成本造成很大的影响。例如一些化学反应,在高温状态下反应较快,但也会生成一些副产物;若降低反应温度,虽然生成副产物的情况会得到抑制,但反应速率也会降低。若想平衡反应速率与产率的关系,则需要不断地实践和创新。

工艺优化也能大到改变一个行业的理念。如化工行业中所倡导的绿色化学的概念,它的理想情况是做到原子利用率为100%,即没有任何废水、废气、废渣的产生。虽然这种理想状态目前还无法达到,但是在化工行业,人们一直在向着这个最优的目标努力。

目前,3D打印技术使用广泛,它的发展带来了世界性的制造业革命。它不是采用传统的切割工艺或模具来制造物体,而是根据设计者的创意和理念,直接在计算机图形软件中生成所需要的任何形状的物体,俗称建模,之后再将建模数据导入3D打印机,机器就会按照程序将产品一层一层打造出来,最终将计算机上的蓝图转化为实物。该技术极大地缩短了产品的生产周期，同时也能激发创新意识，保持个性化的生产制造方式。3D 打印机不但可以打印出汽车零部件、各种模具和玩具，还能打印出诸如建筑材料这样的大物件，甚至在医疗领域也有广泛运用，如通过 3D 打印得到义齿、隐形牙套及其他医疗器械零部件等（图 4-4）。在不同的牙齿矫正阶段，矫正者需要的牙套是不同的，借助 3D 打印来制作矫正牙齿所需的多副牙套，不仅有助于牙齿的健康发育，也能降低牙套的制作成本，并且为需要进行牙齿矫正的人们实现个性化定制牙套创造了更多可能。

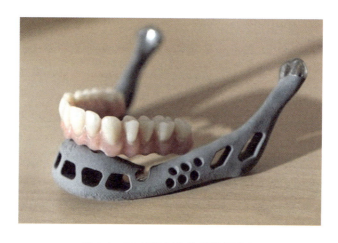

图 4-4　3D 打印制作的模拟假牙套

再比如，医生在手术前，可以通过 3D 打印技术，将患者的病变部位以 1∶1 的实物形式打印出来，通过对病变部位三维物理模型的精确评估和分析，更好地了解患者情况，针对复杂的手术还可以提前与专家会诊，制定最佳手术方案。同时，在手术过程中，也可以将模型带入手术室进行实时比对，为手术的关键步骤提供直观的实时对照，提高手术的精准性，从而有效降低手术的风险。可以说，这项技术是一个颠覆了传统制造理念的创新。

资源整合和减少浪费在制造阶段也是一个既控制成本又不降低质量的创新。

在生产运营模式上，将传统的"包揽从头至尾"的生产模式转化为"模块化"生产模式，把制造过程拆分，能够更加合理地利用资源。如很多跨国集团，会将设备及技术要求高的生产步骤放在发达国家进行，生产出的半成品再转至其他国家进行组装和包装，使得资源利用最大化。再如新兴的合同制造商

(Contract Manufacturer)就实现了同一生产线不同公司产品的高速切换,让公司节约了大量的生产成本。

在管理模式上,制造阶段的创新不胜枚举,如5S(整理、整顿、清扫、清洁、素养)、可视化管理、精益生产等等,它们从管理上加强员工的质量意识和理念,减少了各种浪费,使得操作流程更简便快捷,从侧面降低了制造成本。

2020年新冠疫情期间,武汉创造出了两个奇迹:火神山医院10天建成,雷神山医院12天建成。为什么能够创造出这样令人惊叹的"中国速度"呢?因为在整个建造过程中创造性地加入了很多硬核的高科技,有效地将多方资源和行动进行了重新整合与排列,在时间上实现了最大化的节约与利用。其中,首要的"必杀技"就是高度模块化装配式建造新技术,它使得工厂预先生产的几千个箱式板房,就像搭积木一样被极速安装到工地。其次,数字建造技术大显身手。整个建造过程中,大量运用了建筑信息模型(Building Information Modeling,BIM)、智慧建造等前沿技术,通过BIM进行仿真模拟,实时纠偏,使得数百家分包厂、上千道工序、4万多名建设者利用这些计算机生成的数据穿插作业、无缝衔接、同步推进。同时,5G、AI、云计算、大数据等现代信息技术也进行了有效结合,形成了医院的智慧大脑,为防疫防控保驾护航,使医院能快速投入使用。试想,如果没有这些创新,还停留在传统的砌墙堆瓦盖房子的操作模式下,还会有这样的奇迹发生吗?答案显而易见。

因此,在制造阶段,保证产品质量,并不断优化,同时在过程中整合资源并减少浪费,才是促进"供方"和"需方"共赢的有效方式。

4.3.3 市场质量的创新

市场阶段的质量创新包含产品的可及性和产品的服务质量。

一个好的产品除了靠自身的产品力外,市场营销和服务也是极为重要的。

高质量的市场营销就是在不断创新中寻求发展,它能够使一个企业扭亏为盈,也能创造出新的市场组合,保障产品的可及性。如分期付款,它使得目前暂无购买力的买方有了购买力,使得卖家的资金快速回流以用于新的投资,还让信用担保方——银行/平台创造新的收入,既盘活了市场运作,又确保了三方的需求平衡;如京东买药,下单后能够实现一小时内送货到家,且药品质量能够得到保证;如今日头条,它率先采用大数据计算来精准推荐文章,打破了各个门户网站"大而全"的模式,让读者及时看到自己喜爱的专题和报道。这些企业的技术路线、组织资源和流程都围绕着满足用户个性化的需求来设计，实现了产品的快速可及性。

在市场创新中另一个主打因素就是服务质量。随着社会需求架构的演变，人们对产品的售后服务和同步配套服务越来越重视。一个高质量的产品，如果没有与之对等的高质量服务，往往会很快被淘汰。如房地产市场，原先开发商只需要将房子建造得美观实用即可，现在还需要同步配套医院、学校、商业购物中心、交通等服务性设施，否则这种楼盘很可能会沦落为滞销楼盘。再比如二十世纪八九十年代，人们购买家电需要自己去商店里拉货，货物离柜，商家就免责，后来演变为"三包"服务，而现在则全部为商家送货上门，并可以"7天无理由退货"，还有2020年新冠疫情期间，各种AI机器人的零接触配送方式，这些都是服务质量的创新。

大众点评就是一个应用资源共享、重新组合的服务质量创新的绝佳案例。

大众点评，是消费者用来对餐厅进行点评的APP，而市场监管局，则是城市餐饮的监管机构。如今，大众点评通过平台的组合，与市场监管局进行信息共享、资源对接，利用大数据等新技术，为城市的食品安全增添了"天眼"，并构建了"天网"。对数以万计的消费者的评价信息进行统计、分析，就能有效地对城市食品安全进行监管。一旦消费者在对餐厅点评时使用了"河豚""穿山甲""吃出虫子""吃坏肚子""蟑螂""中毒"等字眼，就会被大数据系统捕捉到。这些评价经过量化统计以及数据可视化后，会共享给监管部门，监管部门接收到信息后就会有针对性地对这些餐饮公司进行检查并责令整改。这种创新模式使每一位消费者都成为"监督员"，从而去推动餐饮服务质量的提高。

因此，在市场的大环境下，确保产品持续不断的可及性和服务创新，是一个产品能够稳步前进、避免走向没落的前提条件。

4.3.4 品牌质量的创新

品牌阶段的质量创新需要考虑产品的定位设计和长远发展。

所谓品牌，就是指为组织带来溢价，令产品增值的无形资产，其载体是与其他竞争产品区分的名称、名词、符号、设计等。

品牌具有专有属性和极高的辨识度，它可以作为商品在市场上进行交易，其价值可以被量化，其所有权可以转让。品牌是一种文化，是一个企业形象的代表，在本质上代表组织对交付给客户的产品的特征、利益和服务的一贯性承诺。好的品牌能够在客户心中建立持久的印象，帮助客户快速地将自身产品与竞争对手进行区分，是高质量的代名词。如耐克的勾形图案、麦当劳的"金色拱门"、Tiffany 那独特的蓝色、华为商标图案的中国红……但是，如果在品牌发展过程中忽略了质量和创新，品牌价值就会不断下降，甚至消亡。

品牌的诞生本身就是一种创新，而品牌质量取决于客户赋予其怎样的新定义。

品牌的第一种创新模式是使用不同定位的品牌来占据更广阔的市场。许多一线大牌会凭借其背景，在市场创立并推出一些新的中端品牌，俗称"副牌"，来占领年轻人的市场。如大众集团旗下的品牌设置："大众"攻占普通市场，"奥迪"攻占中高端豪华市场，"保时捷"攻占高端市场。不同定位的品牌分布，能为企业在各个细分市场创造更高的占有率，提高企业收益。

第二种创新模式是在企业发展的过程中提高品牌内涵，从而进行品牌创新。众所周知，米其林是一家轮胎制造商，是全球轮胎科技的领导者。但这样一家轮胎制造商的名字，却经常在旅游指南节目中听到——米其林餐厅。而且米其林还在旅游指南行业颇具权威，能够获得"米其林三星"的评价是许多餐厅的目标与追求，其通常代表着完美而登峰造极的厨艺。由此可见，同一个品牌可以通过内涵创新在多个领域做到领先，从而实现长远发展。

此外，品牌质量的创新模式还可以从品牌的设计、传播方式、扩展延伸以及文化和保护等诸多方面进行。

如 Swatch（斯沃琪）手表，它源于瑞士，名字中的"S"不仅代表产地，而且含有"Second-watch"，即第二块表之意，表示人们可以像拥有时装一样，同时拥有两块或两块以上的手表。Swatch 的每一个系列都有不同的设计定位：金属系列有着"运动、健康、帅气、传统"的风格，它动感十足，并集创新、新型材料和令人惊喜的设计于一体；网络系列有着数字化和操作简便的特征；超薄系列则是简洁、前卫和时尚的代表，戴在手腕上就像没有佩戴任何东西一样。这些都是 Swatch 的品牌设计。

另外，Swatch 的品牌定位是时尚、运动、音乐和艺术，用激情去创造。因此大家看到的 Swatch 手表都有时髦缤纷的色彩、活泼的设计以及颠覆传统的造型。Swatch 手表一直以来传递的信息就是高品质、低成本、时尚与纪念并重。它是一份珍贵的纪念品，一段历史的回忆，甚至是一份情感的寄托，因此它的定价并不高，仅介于日用品和奢侈品之间，这使得大众群体都能消费得起。当然，随着时间和社会的发展，Swatch 也在不断更新它的品牌文化，它不仅代表一种新型的优质手表，同时还能带给人们一种全新的观念：手表不再只是一件昂贵的奢侈品和单纯的计时工具，而是一件"戴在手腕上的时装"。

比如众所周知的可口可乐，提到这款饮料，你的脑海中会浮现出它标志性的设计：鲜红底色上的几个白色飘逸字母"Coca-Cola"，让人感受到那种在激情与活力中散发出的健康、积极向上的气息，这就是可口可乐品牌文化的基石，向每一个热爱它的人传递正能量，传递幸福感。

可口可乐在品牌的定位上关注"与大众的日常生活紧密结合"，无论是它层出不穷的营销手段，还是始终稳定的亲民价格，都让可口可乐触手可及、无处不在，使得可口可乐成为一种"从乞丐到总统都能喝得到的"饮料。与此同时，可口可乐在品牌文化上不断提炼和升华，利用广告营造和烘托品牌形象。

比如1931年，可口可乐通过将圣诞老人的形象与产品结合，创造出了"可口可乐版圣诞老人"，将圣诞节欢乐的氛围与可口可乐紧密联系在了一起，将"快乐"作为品牌永恒的价值主张和内涵；再通过坚持不懈的营销传播，进而形成了强大的品牌认知和共鸣。

再比如针对不同国家和地区的文化，通过"情感驱动符号"，使用那些通俗直白、深入人心的表达。在中国市场有："要爽由自己"表达对生活的激情；"春节带我回家"表达中国人的天伦之乐；"每一个回家的方向都有可口可乐"表达亲情的呼唤等。这种由文化到情怀的跨越，使得可口可乐的品牌逐步成长为全球第一大饮料品牌。

如"让世界爱上中国造"的格力，在塑造品牌形象的过程中，始终坚持与时俱进的品牌思路，针对不同阶段的市场需求及社会现实，不断给品牌注入创新的理念，从1994年的品牌1.0版："制冷强大"——"格力电器，创造良机"；到1997年的品牌2.0版："质量为王"——"好空调，格力造"；到2010年品牌3.0版："科技领先"——"格力，掌握核心科技"；到2013年品牌4.0版："责任担当"——"格力让天空更蓝、大地更绿"；到2015年至今的品牌5.0版："服务世界"——"让世界爱上中国造"。

正是通过品牌创新，使得品牌始终保持着鲜活的生命力。格力也从一个年产值不到2000万的小厂发展成多元化、国际化的工业集团。

如男女老少都喜欢的迪士尼，它为什么能够在近一个世纪的历史中保持长盛不衰呢？这与它一直秉承着对品牌质量和创新不断追求的优良传统是分不开的。迪士尼由卡通电影发展起家，现已成为一个以米奇、唐老鸭等卡通形象而闻名于世的品牌。迪士尼的品牌延伸取得了很大的成功，它是一个涵盖服装、音像、图书、媒体网络、主题公园、日用消费品等多个领域的蕴藏巨大财富的企业。迪士尼的品牌理念是尊重、分享、创新、乐观、故事、高质量。尊重体现在迪士尼式的快乐是基于人们自得体验,而不是取乐于他人;分享体现在迪士尼所创造的奇趣体验是可以与各代人进行分享的;创新体现在不断追求卓越,这使得迪士尼在将近一个世纪的时间里总是保持着无穷的生命力;乐观说的是迪士尼的乐园精神能带给每个人一颗充满希望与憧憬的心;故事体现在每个迪士尼产品都能讲一个故事,并带给人们欢乐和启发;高质量是指每个迪士尼品牌的产品,都时刻为客户着想,有高质量的标准。这些理念构成了迪士尼的品牌文化,而每年不断更新的卡通电影,则不断强化着大家对这一理念的认同和传播。

因此,通过品牌质量的创新,在不断加深客户对于品牌已有印象的同时,也能使企业不断开拓市场,扩大规模,吸引潜在客户,实现良性循环。

4.4 创新和高质量人生

对于个人来说,创新就是在人生的每个阶段,考虑自我实现的需求,如何每天做得更好。这个过程中,有人通过不走寻常路的创新成就自我,有人为了落地和平凡的创新贡献终生。

4.4.1 不走寻常路的创新

比尔·盖茨的故事

比尔·盖茨有许多标签:微软公司联合创始人、企业家、软件工程师、慈善家,甚至当选中国工程院院士(外籍)。他可以说是不走寻常路的创新的代表。

比尔·盖茨从小就表现出对计算机编程的兴趣,在17岁时他以4200美元的价格卖掉了自己的第一个计算机编程作品,买主是他的高中学校。在哈佛大学就读期间,比尔·盖茨开发了BASIC编程语言的一个版本。21岁时他和好友艾伦一起创立了微软公司,大家熟悉的MS-DOS操作系统,就是比尔·盖茨开发后授权于IBM及50多家硬件制造商的。

比尔·盖茨的微软公司在20世纪90年代的飞速发展，离不开其核心的创新力。Windows 95系统更是一次质的飞跃。人机交互系统使得我们使用计算机的学习成本大大降低。比尔·盖茨同样书写了高质量的人生，他在哈佛大学就读期间辍学创业，这看似是一场赌博，细究起来，却是一场经过"评估"的转型。

比尔·盖茨并未循规蹈矩地完成自己的学业，而是通过不断的创新改变了自己的人生，也改变了世界，这就是不走寻常路的创新。

4.4.2 落地和平凡的创新

在现实生活中，更多的人进行的是落地和平凡的创新。例如，解决全国十几亿人口吃饭问题的杂交水稻之父袁隆平和抗击疫情的人民英雄陈薇，他们都是在自己的专业领域通过努力奋斗和不断地突破、创新，从而实现了高质量的人生。

"杂交水稻之父"袁隆平的故事

袁隆平，1930年9月出生于北京，新中国成立后，饱受贫穷饥饿之苦的他，立志解决中国人的吃饭问题。

1960年7月他发现了一株特殊性状的水稻并进行试验，经过深思熟虑后袁隆平推论：杂交水稻具有绝对优势。此前美、日专家均试验失败并下结论称"水稻不具备杂交优势"，而袁隆平则坚信自己的理论一定是正确的。

1964年，为培育杂交水稻，袁隆平创新性地提出培育"不育系、保持系、恢复系"三系的设想，并进行科学试验。然而，具备雄性不育特性的水稻少之又少，想要实现这个计划的第一步都困难重重。1964年夏季，袁隆平在两个月的时间里，全手工、夜以继日地查找了14000多个稻穗，终于找到了6株雄性不育株。

1968年4月，经过反复试验，袁隆平终于培育了700株水稻，第一次大规模稻田生产试验正式开始。1968年5月18日，一夜之间所有水稻被人为破坏，一切努力全部白费。然而，袁隆平并没有放弃，他势要与困难做斗争，皇天不负有心人，4天后，他在试验田旁边的废弃水井里找到了5株幸存的试验水稻。

1968年到1970年，从湖南到云南，再到海南，为了寻找更多适合的野生水稻品种，他四处奔波，走遍了偏远乡村、荒山野岭，终于在海南发现一株花粉败育的雄性不育野生稻——"野败"，而这株"野败"，成为突破"三系"配套的关键。

经历无数失败，遭受无数挫折，承受无数压力，克服重重困难，实现了一个又一个突破：

1973年实现三系配套；

1974年育成了第一个杂交水稻强优组合"南优二号"；

1975年杂交水稻制种技术研制成功；

1985年提出杂交水稻育种的战略设想；

1995年研制成功两系杂交水稻；

1997年提出超级杂交稻育种技术路线；

2000年实现了农业部制定的中国超级稻育种的第一期目标；

2004年提前一年实现了"超级稻"第二期目标；

2006年提出"种三产四"丰产工程，为粮食持续稳定增产做出贡献；

2012年实现超级杂交稻第三期目标；

2013年第四期超级稻亩产创世界纪录；

2017年开发出低镉籼稻；

2018年海水稻在全国大范围试种，2018年还被授予"改革先锋"称号；

2019年被授予"共和国勋章"。

从"三系法"到"二系法"，从"超级稻"到"海水稻"，袁隆平不断创新，他的字典里没有"退休"二字。90多岁高龄时，他依然奔波在田间地头，依然不知疲倦地亲力亲为。

袁隆平曾说过，他有一个"禾下乘凉梦"。在他的梦里水稻长得有高粱那么高，籽粒有花生米那么大。袁隆平数十年来一直站在水稻育种的最前端，这并非偶然，他心无杂念，抛去功利色彩，恰恰达到了梦想的彼岸。他从全人类的根本利益出发，而不是从个人出发，恰恰成就了个人的梦想。袁隆平说"我的梦想很简单"，而事实证明，这简单的梦想却解决了世界亿万人口的吃饭问题。

抗击疫情的"人民英雄"陈薇的故事

陈薇，1988年毕业于浙江大学，获得化学工程学士学位；1991年获得清华大学工学硕士学位，同年4月特招入伍。从此，陈薇立志要为国家贡献自己的力量，为人民的生命安全保驾护航。

在漫长而孤独的科研路上，她多次品尝辛苦和几个月的实验成果顷刻间化为乌有的辛酸，体验过身边同事因无法承受如此高压而陆续离开部队的情景。每当身心疲惫时，她会这样勉励自己：板凳要坐十年冷，科研哪能一蹴而就，正因为难，所以才需要自己这样的人才。因此，她一边工作，一边不断地充实自己。1998年，陈薇获得军事医学科学院医学博士学位，2002年晋升为研究员。她坚定地认为，积攒的知识总有一天会爆发出惊人的力量。

2003年，非典（SARS）疫情暴发，她的蛰伏和坚持终于在这次抗击病毒的战斗中厚积薄发，她全身心投入非典病毒疫苗的研制中，研制出中国军队首个SARS预防生物新药"重组人干扰素ω"。同年，陈薇被评为中国十大杰出青年，并成为博士生导师。但是她仍然坚守着自己的科研工作：

2006年担任军事医学科学院微生物流行病研究所副所长；

2008年5月汶川地震发生后，担任国家减灾委科技部抗震救灾专家委员会卫生防疫组长，同年7月，担任北京奥运安保军队指挥小组专家组成员；

2011年获得中国青年女科学家奖；

2012年担任军事医学科学院生物工程研究所所长；

2014—2015年西非埃博拉疫情期间，率队赴非洲疫区完成埃博拉疫苗临床试验，完成第一个在境外开展临床研究的中国疫苗；

2015年被授予专业技术少将军衔；

2017年获得何梁何利基金科学与技术进步奖；

2019年当选中国工程院院士；

2020年，在新冠肺炎疫情发生后，她闻令即动，紧急奔赴武汉执行科研攻关和防控指导任务，以行动捍卫生命，全力攻坚克难，成功研发新冠疫苗，让世界见证了中国实力，她因此被授予"人民英雄"国家荣誉称号。

陈薇历经阻击非典、汶川救灾、奥运安保、援非抗埃等重大应急任务，用她的创新实干精神诠释了高质量人生的内涵。

4.4.3 创新者具有的特质

无论是不走寻常路的创新者,还是落地和平凡的创新者,我们不难发现,他们身上都有一些共同的优良品质(图4-5)。

图4-5 创新者具有的特质

首先,时刻保持好奇心和合理的冒险精神。好奇心是创新的源泉,只有打破思想的桎梏,才能激发创新思维。袁隆平的好奇心体现在他的"禾下乘凉梦"中,陈薇的好奇心体现在与病毒的抗争中。而合理的冒险则是创新成功的途径,任何事情不能仅凭一腔热血去冲动进行,而是应该有假设、有依据地去验证实施。正因此才有了袁隆平的"三系法"设想,有了陈薇的"重组人干扰素ω"。

其次,面对诱惑时,要保持专注的心态,面对困难时,要发扬积极乐观的精神。任何新的事物都会面临挑战和困难,这时候需要大家保持清醒的头脑,面对诱惑不动摇,专注而行,即使孤独也不放弃;面对困难不退缩,迎难而上,即使失败也不气馁。袁隆平的三系法杂交水稻从提出设想到制种成功历时十一年,其间的挫折、失败、困难不计其数,但是他始终坚守着自己的目标和理想,有困难就解决,并最终取得了成功;无独有偶,陈薇在军事科学院十年如一日的坚持和积累,也促成了她在疫情期间的疫苗快速研制和临床使用的成功。

最后,要有永无止境的追求和实干精神。袁隆平研发的杂交水稻,从"三系法"到"二系法",从"超级稻"到"海水稻",解决了世界亿万人口的吃饭问题；从"重组人干扰素ω"喷雾剂，到埃博拉疫苗，再到新冠疫苗，陈薇为人民的生命安全铸造一件件生物盾牌。他们在各自的领域不断突破，一步一个脚印，扎扎实实地取得成果，并将这些成果推广应用，造福人类，这就是实干精神。

4.4.4 创新是大学生实现高质量人生的第一动力

对于当代大学生来说，应该如何从以上这些名人的人生历程中汲取经验呢？又应如何通过创新思维设计并实现自己的高质量人生呢？大家可以试着从本章介绍的全面质量与创新的四个维度去考虑。

第一，做好人生的规划。回顾和规划自己的人生目标，重新深入地思考对未来、对工作和生活的定位和需求，例如：你的长期目标是什么？为了实现这个长期目标，又可以有哪些短期的目标支持？同时，逐步培养自己的创新思维，对事物保持一颗好奇心，从学会问问题开始，行动起来，尝试去寻找问题的最佳答案。

第二，积累和自我成长。为了实现制定的这些目标，你会做什么？现阶段你需要学习什么？需要有哪些突破和成长？这个过程可能是枯燥的、孤独的、漫长的，需要有一颗坚定的心才能实现。

第三，展示自己，让自己被看见。当今社会是一个发展迅速、多元化的社会，人们的分工越来越细致，一个人不可能独立完成所有的事情，需要在团队中通过共同努力奋斗，实现既定的目标。所以走出去、与世界相连十分重要。你打算如何更好地发挥自己的特长？你打算通过什么方式展现自己？你打算通过什么行为和活动让自己被更多的人看见、听见呢？

第四，考虑如何影响他人。在人生的每一项活动和行为中，你打算如何将一些好的行为和传统继承下来，并传承下去？你会如何利用自己的影响力创造属于你自己的口碑？

乔布斯说，领导者和跟风者的区别在于创新。思维方式的转变拥有改变世界的能力。创新思维是促进创新行为，进而创造有价值的创新成果的核心要素。当代大学生要提高自身创新能力，核心就在于培养自身的创新思维。如果你的人生定位在于充分发挥个人潜能，创造精彩人生，并在未来创造更大的社会价值，那么，就从现在开始迈出第一步——唤醒创新意识，培养创新思维。

学起于思，思源于疑。培养创新思维的基础在于发现问题的意识和解决问题的能力。教育家陶行知先生曾说：创造始于问题，有了问题才会思考，有了思考，才有解决问题的方法，才有找到独立思路的可能；有问题虽然不一定有创造，但没有问题一定没有创造。因此，在大学阶段，大家可以从培养自己的好奇心开始，学会提出一个正确的问题，或大胆想象一些不可能的问题，并行动起来，尝试找到问题的最佳答案。

大学生涯是一个人开始系统地思考和规划人生的第一个阶段，让我们以唤醒创新意识为起点，通过思考和实践，不断培养自身的创新思维，在激扬青春、开拓人生、奉献社会的进程中创造属于自己的高质量人生！

推荐书目

《绝佳提问：探询改变商业与生活》沃伦·贝格尔
《创新与企业家精神》彼得·德鲁克

推荐视频

1. 好看视频：2020年抗疫之战中，机器人战士们各显神通，你都认识它们吗？

思考：2020年抗疫期间，还有哪些你印象深刻的创新之举？它们给你的生活带来了什么改变？

2. 好看视频：乐高品牌发展历史。

思考：如何从乐高品牌发展的起起伏伏中，探寻质量和创新的内在联系？

课后思考

1. 结合你自身的理解，谈一谈什么是创新？本章关于创新的故事对你有什么启示？

2. 你是怎样设计自己人生的？你理想的状态是怎样的？

参 考 文 献

[1] 朱春阳.成就卓越:传媒产品创新研究:一种行为与能力的分析范式[D].上海:复旦大学,2004.
[2] 孙滢.关注"产品力"?[J].中国机电工业,2009(8):13.
[3] 曾尧.丰田:危机中的崛起[J].汽车观察,2008(11):46-47.
[4] Gapp R,Fisher R,Kobayashi K. Implementing 5S within a Japanese context:an integrated manage-ment system[J]. Management Decision,2008,46(4):565-579.
[5] 王文章.论精益生产与精益企业[J].工业工程,2001(1):31-36.
[6] 叶思荣.论市场创新及基本模式[J].现代管理科学,1997(6):37-38.
[7] 李刚,余倩.浅析服务业服务创新[J].商业研究,2004(4):179-181.
[8] 郭晓凌.品牌质量差异、消费者产品涉入程度对品牌敏感的影响研究[J].南开管理评论,2007(3):13-18.
[9] 于成龙.比尔·盖茨全传[M].北京:新世界出版社,2008.

第 5 章

质量与效率

5.1 质量与成本及效率之间的关系

无论是企业管理层还是学术界，通常会认为"神奇三角"的三方——质量、成本和效率不可能同时实现。但是这三方真的是针锋相对，无法兼顾的吗？答案当然是否定的。

在开始探讨质量、成本和效率三者之间的关系之前，先来分析一个身边的案例。

故事就发生在校园中，这天上午是一门较为复杂的专业课，每周四个课时的学习任务总是非常具有挑战性，这次也不例外，老师又在完成新的理论知识教学后，布置了课后作业。以下是班中四位同学在之后的一系列反应。

同学 A：班中公认学霸，没有之一

上课时所有知识点已完全掌握，做题没有任何困难，不费吹灰之力，5 道练习题 30 分钟准确无误做出来。

同学 B：外号"小机灵"

上课时吃了个早饭刷了会儿抖音，错过了几个知识点讲解，课程内容没有完全掌握，做题的时候发现有几道题不太会，重新花 1 小时复习整理课上的知识点，然后花费 30 分钟将 5 道练习题准确无误做出来。

同学 C：最爱死磕到底

她觉得老师讲课速度有些快，知识点没有完全掌握，但是咬牙花费 30 分钟做了 5 道练习题，最后错了 4 道。于是她重新学习，梳理知识点，分析错误的地方，不懂的地方去请教了同学 A，又花费了 2 小时，最后终于都搞明白了，同类型题目也都能准确做出。

同学 D：外号"重修王"

学习只求一知半解，课后花了 30 分钟做了 5 道练习题，错了 4 道，照着答案修改了一下再不深究。之后每次考到这种类型的题目都会做错。

四位同学分别显示出四种不同的状态。

同学 A 的学习质量高，因此效率也很高，并且没有任何额外的浪费，对应前文提到的成本，可以把同学 A 的学习结果引申为成本的节省（无浪费）。

同学 B 由于一开始没有一步到位掌握知识，在本次学习的质量上打了折，但是及时补救，额外付出 1 小时成本，较同学 A 而言效率低一些，但是和后面两位相比，还算有优势。

至于同学 C，一开始学习质量低，之后使用的方法也不算好，效率再次打折，浪费的成本更多。但是 A、B、C 三位同学最后都达成了目标，而且可以看出同学 B 和同学 C 在不断改善其学习质量，之后也随之推动了效率的提升，并形成良性循环。

而同学 D 则不同了，从花费的时间来看，同学 D 和同学 A 是一样的，可以说效率相同，可是学习质量天壤之别。之后每次考试、作业，因为做错题，不但得不到高分，还需要额外花时间订正，低质量的学习最终导致低效率和额外的成本，形成低质低效的恶性循环。

总的来说，质量高，效率就肯定高——这是我们从同学 A 身上看到的结果；及时发现并修正错误会助力质量的提升，并且提升效率——这是从同学 B 身上总结的经验教训；质量低会导致效率降低，但从失败中学习，不断改善质量，也会促使效率的提升，并形成良性循环——这是同学 C 的经历带来的启示；高效率不一定会带来高质量，不注重质量的效率是没有任何意义的，低质量会拖累高效率，形成低质低效的恶性循环——这也就是同学 D 失败的原因。

由此可见，高质量学习最终可以推动高效率学习，并实现低成本（如时间、精力等）投入。质量、成本与效率并非水火不容，而是相辅相成，从中可以拓展出"质量成本"的概念。

质量成本的概念是由美国质量专家费根堡姆在 20 世纪 50 年代提出来的，其定义是：为了确保产品（或服务）满足规定要求的费用以及没有满足规定要求引起的损失，是企业生产总成本的一个组成部分。它将企业中质量预防和鉴定成本费用与产品质量不符合企业自身和顾客要求所造成的损失一并考虑，形成质量成本报告，为企业高层管理者了解质量问题对企业经济效益的影响，进行质量管理决策提供重要依据。

质量成本包括好的质量成本（Cost of Good Quality）和不良质量成本（Cost of Poor Quality）两部分，其中不良质量成本就是指由质量不达标而造成的成本损失，或者说是由于没有"第一次就把事情做正确"而额外付出的成本。正如克劳士比曾经说的，质量不是礼物，但是却是免费的。真正需要付出额外金钱的是那些不符合质量要求的东西。由质量不良而造成的成本损失是十分惊人的，遗憾的是这部分成本往往不为人们所知。如果说显性的质量成本是一座冰山，那么埋藏在冰山之下的隐性质量成本则可能是难以计量的（图5-1），而所有这些成本，都需要客户来买单。朱兰博士曾说："提高经济效益的巨大潜力隐藏在产品的质量中。"因此，质量成本管理的目标就是不断减少、避免不良质量成本产生。

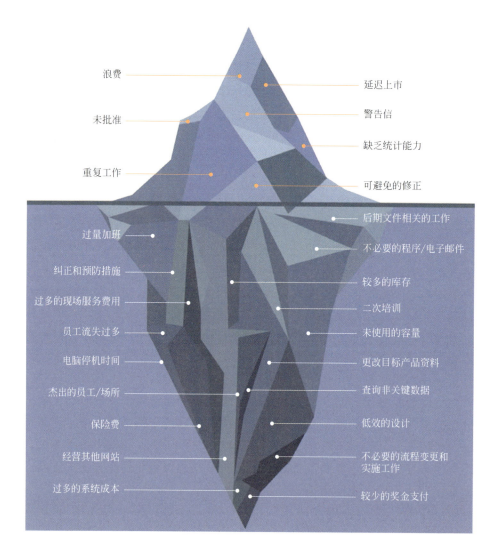

图 5-1　显性质量成本与隐性质量成本

苹果公司 iPhone 4 产品的"天线门"事件可以说是关于不良质量成本的一个惨痛教训。起初，公司发现了 iPhone 4 的天线问题，但是没有第一时间认识到提高质量的重要性，称天线问题不是 iPhone 手机独有的问题，而是行业普遍面临的问题，并承诺会向每位用户赠送免费的保护套，但顾客并不满意此说辞。最后，苹果公司还是决定发起主动召回，预计损失达上亿美元。可见，低质量始终需要为之付出一定的额外代价。

在戴明博士的《转危为安》（*Out of The Crisis*）中有个有趣的图表，叫"连锁反应"，如图 5-2 所示。

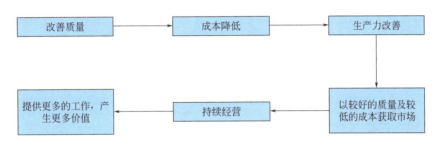

图 5-2 连锁反应

这个连锁反应源自二战后日本崛起的故事。早先美国曾普遍流行过这样一则传言：质量与生产成本互不兼容，就像鱼与熊掌不可兼得一般。很多人错误地认为，要实现高质量，必然需要高成本的投入，而且效率也会受到影响，生产力就无法提升。众所周知，日本天然资源匮乏，石油、煤炭、铁铜矿甚至木材等样样短缺，需要通过输出货物以换取资源。二战之后，日本经济萧条，1950 年的资本净值为负数。雪上加霜的是，当时日本以产制低价、劣等货物而臭名远扬，经济形势愈发严峻。彼时，"质量管理之父"戴明带着他的理论来到日本，他认为"质量能以最经济的手段，制造出市场上最有用的产品。一旦改进了产品质量，生产率就会自动提高"。日本为了复兴商业，以质量取胜成了唯一突破口，通过执着地推动质量改善，提高了生产力，降低了成本，进而使产品雄霸市场。现在很多人都喜欢去日本购物，原因很简单——价廉物美。日本的翻身仗告诉我们，质量改善之后，会产生一连串的连锁反应：通过减少重做、错误、耽误、阻碍以及使机器设备更稳定和材料更优质来实现更低的成本、更高的效率、更有利的竞争地位、更广阔的市场以及更多的工作机会。

5.2 "一次正确"的意义及重要性

"一次正确",即"第一次就做对"的理念,由菲利浦·克劳士比率先提出,指做事情第一次就做到符合要求,防止不符合要求的成本的产生,从而降低成本,提高效率。这一理念,在20世纪60年代的美国掀起了自上而下的"零缺陷"运动。零缺陷的管理思想主张企业发挥人的主观能动性来进行经营管理,要求生产者、工作者从一开始就本着严肃认真的态度把工作做得准确无误,努力使自己的产品、业务没有缺点,并向着高质量标准目标努力。开展"零缺陷"运动可以提高全员对产品质量和业务质量的责任感,从而保障产品质量和工作质量。

其实,早在"一次正确"的理论出现之前,曾经的台湾首富、被尊称为"台湾经营之神"的王永庆先生,就已经对这一理念有所参悟。王永庆"一粒米"的创业故事至今还被大家津津乐道。王永庆15岁到一家小米店做学徒,后来他借来200元钱做本金自己开了一家小米店。为了和隔壁的日本米店竞争,王永庆颇费了一番心思。当时大米加工技术比较落后,出售的大米里常常混杂着米糠、沙粒、小石头等,买卖双方都见怪不怪。王永庆则每次卖米前都会把米中的杂物拣干净,这一额外服务深受顾客欢迎。他给顾客送米时,并非送到就算,而是帮人家将米倒入米缸里。如果米缸里还有米,他就将旧米倒出来,将米缸清洗干净,然后将新米倒进去,旧米放在上层,这样,米就不会因陈放过久而变质。因为服务质量好,王永庆的米店生意愈加红火,逐步发展到家喻户晓,成了地区最有影响的米店。王永庆追求"一次正确"的态度,提高了产品和服务质量,用高质量的产品和真诚的服务赢得了一大批客户。

对于每个人来说,工作标准应该是高要求而不是"差不多就好",这意味着任何时候都要满足工作过程的全部要求,第一次就把事情做对,不留缺陷与遗憾。第一次就把事情做对远比返工和返修付出的代价小得多,从一开始就应该本着严肃认真的态度把工作做得准确无误,以确保质量完美无缺。

"一次正确"是一种追求精益求精的工作态度,它不仅是企业中追求工作业绩的准则,更是一种能够令人身心愉悦的生活态度。追求"第一次就做对"

的人，时常怀抱强烈的责任感，在完美的工作和学习中将自己最擅长的才智发挥出来，创造出高质量的价值。

5.2.1 "一次正确"的思维模式：理解"Why"的力量

"一次正确"能够高效地交付理想的成果，那么如何才能做到"一次正确"呢？认真的态度、丰富的经验、扎实的专业能力都是关键，在此之前，更重要的则是建立正确的思维模式。发现问题的根本原因，从核心起步，是保障一次就把事情做对的基本要素。为了达到这个目的，可以使用著名的营销顾问西蒙·斯涅克（Simon Sinek）总结的"黄金思维圈"理论（图5-3）来分析问题。

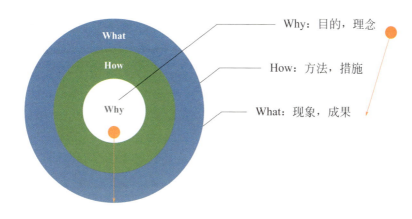

图 5-3 黄金思维圈

"黄金思维圈"将分析问题的方式分为三个层面：
- 最表层——What层面，"这是什么事情？"
- 第二层——How层面，"怎么做？"
- 最深层——Why层面，"为什么这样做，目的是什么？"

区别于从外向内的大众思维模式，"黄金思维圈"侧重从内向外的思考方法。

以电脑销售为例，一般的厂家会说：我们做了一台很棒的电脑；设计精美，用户体验良好，使用简单；能帮你提高工作效率，让你的游戏效果更好。这遵循了从外向内的逻辑：我们做了什么—做得怎么样—你为什么要买。

那么，"黄金思维圈"从内向外的逻辑是怎样的呢？答案可参见苹果电脑销售——我们做的每一件事都是为了突破和创新，我们坚信要以不同的方式思考；我们挑战现状的方式是提升用户体验，用精美的设计、简单的界面来实现；我们只是在这个过程中做出了最棒的电脑。以从内向外的逻辑：我们为什么要做—做得怎么样—做了什么，从内在或情怀上散发出一种强大的品牌价值力量，让人明白为什么要这么做，最后给用户带来的产品是什么。

下面我们来看一个发生在西蒙身上的真实的故事。

西蒙很长一段时间不爱读书，在18岁之前他觉得自己一本书也看不了，除非这是一项他必须完成的任务。从一年级起，他的老师就一直希望激发出他对阅读的热情，但那些方法从未奏效，反而让他更讨厌阅读。而18岁时，他却被网上的一位导师激发出了阅读的热情。那这位导师和之前的老师的方法差别在哪里呢？

之前老师的出发点多是What层面（做什么）："这本书非常棒，你一定要去读！"有时候也会谈论How层面（怎么做），但他们从未触及Why（为什么）这个层面。当西蒙问起为什么要读这本书时，老师会开始生气，反过来教训他，"怎么可以问这么愚蠢的问题？""这么经典的书，还需要问为什么吗？"。

网上的导师向西蒙发出的问题是，"你想要事业成功吗？""你想要建立有影响力的人际关系吗？"。这些围绕Why层面的发问引起了西蒙的认真思考，深深吸引着他。西蒙对自己说："当然，这就是我想要的。"导师推荐了《如何赢得朋友并影响他人》及《伟人之路》，西蒙找到这两部书并开始看起来。而后，阅读成了西蒙生活中不可或缺的一部分。

西蒙的故事告诉我们，人们会被Why所吸引，事物真正的逻辑应该是从Why到How再到What。

在学生时代，我们已经习惯了"被灌输"知识，被告知该做些什么。但这种教育方式使得我们不善思考，更多的是服从命令，而这一习惯可能会使我们在步入社会后不擅长解决问题。因此不妨从现在开始运用"黄金思维圈"，发挥其从内向外的思维方式。运用Why的力量，理解事物背后的目的和核心，从而提高"一次正确"和解决问题的能力。

5.2.2 "一次正确"的实践方法和技巧

随着"一次正确"的理念不断被普及，不同行业在质量管理的过程中，引入了多种为实现"一次正确"的质量管理工具，例如"防错法"和"5S"。

（1）防错法

防错法又称防呆法，即在过程失误发生之前便加以防止，是一种在作业过程中采用自动作用、报警、标识、分类等手段，使作业人员不特别注意也不会失误的方法。防错法是制造过程开发的重点,是缺陷预防的最佳实践方法。

防错措施或机制要实现如下目标:a. 即使有人为疏忽也不会发生错误;b. 即使是没有专门知识与专业技能的外行人来做也不会出现错误;c. 不管是谁或在何时工作都不会出错误。从狭义上来讲,防错的目的是使工作错误绝不会发生;从广义上来讲,防错的目的是避免工作错误,将发生的概率降至最低,防止缺陷产生。

说明书是人和技术(人造物)之间的重要媒介。人们需要将从说明书上学到的经验应用到现实中,而说明书上的拟物设计能更快地帮助人们从反向建立这种联系和认知。但仅仅是画得像就算是拟物设计了吗?比如找螺丝的时候你会发现,有些不同型号的小螺丝看起来很像,但从说明书的图例中看不出有什么区别。

宜家的说明书就采用了真实比例的图例,如图 5-4 的配件图示中,小零件的图例尺寸和实际物品的尺寸一模一样。这个设计在分辨大小不同、形状相近的

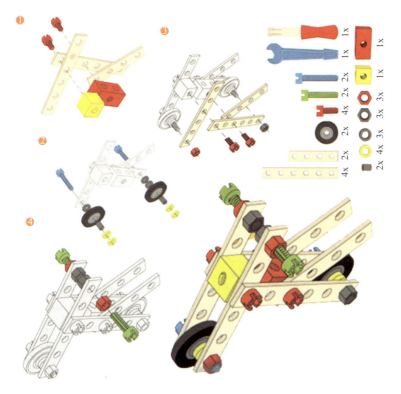

图 5-4　宜家的配件图示(1)

螺丝时效果显著,仅仅是改变了图例的尺寸,不费一个字不用一个多余的指示图形,就达到了图例所能达到的最佳指示效果。它自带一个最简单直接的使用方法:把东西放上去。使用者可以准确地找到正确的零件进行装配,做到一次正确。

再比如,用户在安装时发现包装袋里有两种木棍,一个大的和一个小的,在犹豫应该用哪个的时候,看到说明书上标注的正确和错误示例就很容易区分(如图5-5所示)。标注易混淆的部件看似是很初级的做法,关键是如何分辨哪些是易混淆的部件,以及什么时候告知用户。这一防错机制也很好地提高了组装时的一次正确率,避免拆卸和二次组装。

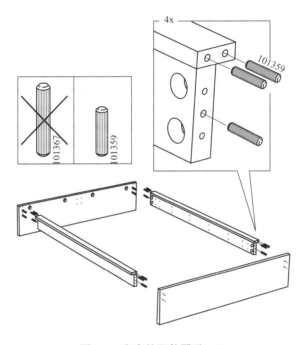

图 5-5 宜家的配件图示(2)

(2) 5S

起源于日本的"5S",是整理(Seiri)、整顿(Seiton)、清扫(Seiso)、清洁(Seiketsu)和素养(Shitsuke)这5个词的缩写,译为英文也是5个以"S"开头的单词(图5-6)。

整理(Sort):要与不要,一留一弃。区分要与不要的东西,生活/学习/工作的现场除了要用的东西以外,一切都不放置。一个概略的判定原则是将未来30天内,用不着的任何东西都移出现场。

图 5-6　5S

目的：将"空间"腾出来活用。

整顿（Set in order）：科学布局，取用快捷。要的东西依规定定位，摆放整齐，明确数量，明确标示。即实现"三定"——定名、定量、定位。

目的：不浪费时间找东西。

清扫（Shine）：清除垃圾，美化环境。清除现场的脏污，并防止污染的发生。

目的：消除"脏污"，保持现场干干净净、明明亮亮。

清洁（Standardize）：洁净环境，贯彻到底。

目的：通过将上面"清扫"实施的做法制度化、规范化来维持成果。

素养（Sustain）：守则敬礼，养成习惯。培养文明礼貌习惯，按规定行事，养成良好的生活、学习和工作的习惯。

目的：提升"人的品质"，成为对任何任务都讲究认真的人。

1955 年，日本 5S 的宣传口号为"安全始于整理，终于整理整顿"。当时只推行了前两个"S"，其目的仅仅是确保空间的充足和安全。到了 1986 年，关于 5S 的著作逐渐问世，从而对整个现场管理模式起到了冲击作用，并由此掀起了 5S 的热潮。

日本企业将 5S 运动作为管理工作的基础，推行各种产品品质的管理手法。第二次世界大战后，产品品质得以迅速提升，奠定了经济大国的地位。而在丰田公司的倡导推行下，5S 在塑造企业形象、降低成本、准时交货、安全生产、高度的标准化、创造令人心旷神怡的工作场所、现场改善等方面发挥了巨大作用，逐渐被各国的管理界所认识。

在企业中，通过 5S 活动能够改善作业环境，保障安全生产，促进员工满意，并在此基础上长期持续地向客户提供质量上乘、售价合理低廉的产品，及时将所需的产品送达客户手中，达成顾客满意。下面从 4 个方面谈谈 5S 的作用。

① 5S 与品质

在企业中，混乱、脏污的工作场所生产不出优质的产品。例如工作场所的垃圾、灰尘、毛发会对精密机械、电子产品等产生不良影响，会使加工精度降低，设备故障率增加。应用 5S 可以使现场干净整洁，一尘不染，产品的质量便能得到有效保障。同时，干净整洁的工作场所，也有助于提升员工满意度，克服马虎心态，养成认真对待工作的习惯。

② 5S 与成本

良好推行 5S 对节约生产成本的贡献主要体现在如下几个方面：

- 避免场地浪费，提高利用率；
- 减少物品的库存量；
- 减少不良品的产生；
- 减少动作浪费，提高作业效率；
- 减少故障发生，提高设备运行效率等。

③ 5S 与企业形象

生产现场的管理水平如何，是客户下订单以前通常都需要加以考察的内容。一位观察力敏锐的考察人员，可以在几分钟之内判定出一家企业的管理水平，其重要依据就是该企业的 5S 水准。一般情况下，客户或参观者会认为干净整洁的工厂一定会在约定的交货期内完成优质的产品，其结果是增加订货或开始新的交易。相反，如果存在工作现场到处是垃圾、灰尘，物品随意堆放，员工懒散、仪容不整、机器设备时停时转等现象，就表示这是一家没有效率、浪费严重、质量低劣、士气低落和没有能力配合交货期的企业。

干净整洁的工厂还能给政府相关管理部门、企业所在社区、同行业的其他企业留下良好印象，成为被称赞和学习的对象。好的企业是一个城市或地域的品牌,那些管理规范、现场5S水平高的企业往往会成为政府部门向客人介绍和安排参观的对象。社会和公众的信赖也将对企业的持续发展产生良好的促进作用。

④ 5S与安全

干净的场所,物品摆放井然有序,通道畅通,能很好地避免意外事故的发生。5S的目的还在于对员工的培养:员工建立了自律的心态,养成了认真对待工作的态度,必能极大地减少由于工作马虎而引起的安全事故。

具体地说,彻底做好5S工作可以在安全管理方面取得以下效果:
- 安全事故的减少;
- 火灾等重大事故的杜绝;
- 员工安全意识的提升;
- 灾害或事故应急能力的提升。

其实,5S管理的理念和方法完全可以应用到日常生活和学习中,改善我们的生活环境,提高生活品质、学习质量和效率,养成并固化良好的行为习惯。比如衣物鞋袜等物品的定位放置,时常并及时地做好整顿、清扫、清洁等(图5-7)。

整理前　　　　　　　　　　整理后

图5-7　生活中的5S应用

哈佛大学有句名言:谁都不能随随便便成功,它来自彻底的自我管理和毅力。一屋不扫,何以扫天下。真正成功的人,都少不了高度自律。5S的核心便是自律,其最终目标是养成好习惯,实现"一次正确"。

第5章　质量与效率　109

5.3 "二次正确"的意义及重要性

常言道，人非圣贤，孰能无过？过而能改，善莫大焉。固然我们有美好的愿望，希望所做的事情始终都能一次正确，但是事实总是残酷的，人总会犯错。重要的是犯错后要学会在错误中学习，从而确保"二次正确"。"二次正确"的观念要求我们不害怕失败，用正确的态度面对失败，利用科学合适的方法和工具对出现的问题进行分析，找到根本原因，真正解决问题。从失败中学习、升华，变得更强大、更完美。

虽然"二次正确"需要额外的时间和精力，但如若不及时纠正错误，更改方法，有可能会继续失败，耗费更多的时间，花费更多的成本，而仅获得较低的质量和效率。

5.3.1 "二次正确"的思维模式：从失败中学习

我们在每天的工作和生活中都有许多事情要做，有的事情可以顺利完成，有的事情则以失败告终。尽管我们期盼事事成功，但是往往现实却事与愿违。人们一般都很难接受失败，当面对失败时，有人选择逃避，有人选择推卸责任，有人因此一蹶不振，有人则开始怀疑人生。无论经历过多少次，失败的感觉总是很糟糕，从头再来总是那样困难。我们该如何面对失败，从失败中学习呢？修炼"逆商"便是重要的一课，正如巴顿将军说过："衡量一个人的成功标志，不是看他登到顶峰的高度，而是看他跌到低谷的反弹力。"

从失败中学习，首先就要转变面对失败的思维模式。在我们以往的认知里，失败是一件不好的、让人感觉失颜面的事情。从现在起要改变这种认知，把每一次失败当成对自己的鞭策和教育，当作成长的机会。正如拿破仑说过："不会从失败中寻求教训的人，通向成功的道路是遥远的。"从另一个角度来看，事情之所以失败，肯定是哪里出现了问题。这就提醒我们要从失败中找到问题出现的根本原因，吸取经验教训，避免下次出现同样的问题。因此，每一次失败对于我们来说，都是一次学习的机会。

在航空业，从失败中学习的理念已经牢牢扎根于整个系统中。首先，所有飞机都必须载有两个飞行信息记录系统（黑匣子），一个负责记录发往机上电子系统的所有指令，另一个是驾驶舱内的声音记录仪，让调查员能了解事故发生之前飞行员在想些什么。航空业不能掩盖失败，也不能回避失败，而是把失败变成资料的宝库。一旦有事故发生，独立于航空公司、飞行员工会和管理部门之外的调查员会获得充足的权限，进入事故现场勘察，并对所有人证、物证进行调查。调查完成后，调查报告会对所有人公开，航空公司负有必须将报告公之于众的法律责任，让全世界的飞行员都可以免费查阅相关资料。这样的做法能让所有从业者从错误中学习，而不仅限于某个机组、某个航空公司或某个国家，极大地加强了航空业从业者学习的能力。正如埃莉诺·罗斯福（Eleanor Roosevelt）所说："要多从别人的错误中吸取教训。毕竟你没那么长寿，不可能自己把所有错误都犯一遍。"另外，飞行员们总体上对自身的失误（紧急迫降或未遂事故）都抱着公开和坦诚的态度，因为在航空业，这不会被当成控诉某一位飞行员的理由，相反，会被视为能让所有飞行员、航空公司和管理者们学习进步的机会。

由此可见，思维方式的转变对于如何从失败中学习至关重要。正如航空业的做法，充分认可从错误中学习的态度，从而推动建立这种机制，使得该行业能健康发展。

另一个从失败中不断学习，并取得成功的案例来自埃隆·马斯克（Elon Musk）。北京时间 2020 年 5 月 31 日 3 时 22 分，美国太空探索技术公司（SpaceX）用自家猎鹰 9 号火箭成功发射龙-2 载人飞船，运送两名宇航员进入太空，前往国际空间站（图 5-8）。

图 5-8　SpaceX 火箭发射升空

这次发射不仅标志着美国载人航天能力的恢复，也标志着人类载人航天一个崭新的时代开始：一个商业航天公司成为第四位玩家，它独立并全面掌握了载人航天最重要的运载火箭、货运飞船和载人飞船等环节。

马斯克作为 SpaceX 公司的创始人，在发射后接受新闻采访时直言自己在梦想实现时是如此激动。所谓十年磨一剑，为了创造这次历史，SpaceX 已经准备了 9 年。作为这一项目的总设计师，这一路走来，马斯克经受了多次失败考验，包括 2016 年火箭爆炸，不光损失了火箭，一同被炸毁的还有价值 2 亿美元的 Amos-6 通信卫星。但每一次的失败对于马斯克和他的团队来说，都是下一次成功的垫脚石。

作为 SpaceX 第一代火箭，猎鹰 1 号从 2006 年至 2009 年，一共发射过 5 次，3 次失败，2 次成功。当火箭坠毁在礁石时，发动机设计师穆勒悲苦地说："火箭可以有上千种失败原因，但头号原因就是发动机故障。"马斯克递给穆勒一杯香槟，跟他碰杯："不要惊慌，关键是要找出什么地方出了错。"几个月后，工程师查出原因，一枚被腐蚀的螺母，导致燃料泄漏，发动机燃油起火。这次失败只是个开始，之后的两次发射都遭遇了失败。从猎鹰 1 号到猎鹰 9 号，经历了多次失败和危机，但马斯克笃信福特的那句话："飞机起飞时是顶风，而不是顺风。"从失败中学习，最终赢得了成功。

本书第 2 章中提到的"反应停"事件，虽是以一场悲剧作为开始，但它对于警醒人类真正认识药品不良反应有着非常巨大的意义，有力推动了整个制药行业在之后的药品研发和上市过程中遵循更科学的临床研究以及更严格的行业规范，确保药品更安全、有效地服务于广大患者。现如今，在药物研发的过程中已经非常重视药物的毒性研究，声名狼藉的反应停（沙利度胺）也有机会"重新做药"。1998 年，FDA 批准沙利度胺作为治疗麻风性结节性红斑的药物上市；2006 年，其又被批准用于多发性骨髓瘤的治疗。

反应停的故事告诉我们，正确看待过去发生的失败，将其中的经验教训放到当下，借鉴并合理利用，从中不断学习和改进，对于推动未来的正确发展有非常积极的意义。

5.3.2 "二次正确"的实践方法和技巧

如前文所述，为了更有效地从失败中学习，实现"二次正确"，需要利用科学合适的方法和工具对出现的问题进行分析，找到根本原因，真正解决问题。本节就为大家介绍两种发现问题、分析问题的质量管理工具，分别为"鱼骨图"和"5 Why 分析法"。

(1) 鱼骨图

鱼骨图由日本质量管理大师石川馨先生所发明,故又名石川图。鱼骨图是一种发现问题"根本原因"的方法,其特点是简捷实用,深入直观。它看上去有些像鱼骨,将问题或缺陷(即后果)标在"鱼头"处,而在鱼骨上长出的"鱼刺",则列出所有可能导致问题出现的原因,有助于说明各个原因是如何影响后果的(图 5-9)。

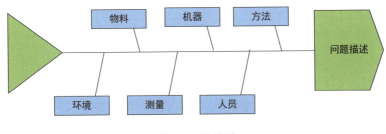

图 5-9　鱼骨图

鱼骨图的制作可分为两个步骤,首先要填写鱼头处的问题,然后分析问题发生的原因,不断挖掘造成该类问题的影响因素。分析问题原因的具体操作方法如下:

① 针对问题点,选择层别(如人、机、料、法、环等);
② 按头脑风暴分别针对各层别找出所有可能原因(要素);
③ 将找出的各要素进行归类、整理,明确其从属关系;
④ 分析选取重要因素;
⑤ 检查各要素的描述方法,确保语法简明、意思明确。

通过这种分析方法可以透过现象发现问题的本质,其实在工作或生活中遇到的大多数问题,其特性总是受到一些因素的影响。我们可以和团队成员在每一次失败后利用鱼骨图进行分析,通过头脑风暴集思广益、发挥团体智慧找出这些因素,这将是一个宝贵的积累过程。

(2) 5 Why 分析法

5 Why 分析法是对一个问题连续问"为什么",以追究其根本原因。虽然名为"5 Why",但实际使用时不限次数,有时可能只要问 3 次,有时则可能需要问 10 次,必须找到根本原因为止。其关键在于鼓励解决问题的人努力避开主观和自负的假设和逻辑陷阱,从表象出发,沿着因果关系链条,顺藤摸瓜,直至找出问题的根本所在。

这个方法最初由丰田汽车公司的创始人丰田喜一郎的父亲丰田佐吉提出，被丰田生产系统的设计师大野耐一纳入丰田生产系统的入门课程，作为问题求解培训的一项关键内容。该方法在丰田公司主要用于识别生产现场出现的问题，通过对"数据"和"事实"的了解，不断追问成因，找到解决问题的根本，而不仅仅是见招拆招，在问题表面做着重复的工作。

　　例如，针对机器停运问题发问：

　　——为什么机器停了？

　　——因为超负荷，保险丝断了。

　　——为什么超负荷了呢？

　　——因为轴承部分的润滑不够。

　　——为什么润滑不够？

　　——因为润滑泵吸不上油来。

　　——为什么吸不上油来呢？

　　——因为油泵轴磨损，松动了。

　　——为什么磨损了呢？

　　——因为没有安装过滤器，混进了铁屑。

　　反复追问上述5个"为什么"，发现机器停运的根本原因是油泵没有安装过滤器造成铁屑的混入，所以需要安装过滤器。如果"为什么"没有问到底，将换上保险丝或者换新的油泵轴作为行动或解决的方案，几个月以后会再次发生类似的故障。

　　再来看一个美国华盛顿杰弗逊纪念馆的案例，这个纪念馆的东边外墙面上有非常严重的腐蚀，需要经常涂刷新的油漆。这一天，纪念馆的主管发现墙面又腐蚀得很严重了，现在他需要决定怎么处理这件事情。也许，部分人的第一直觉是，那就再刷一次油漆呗。有一些思维能力较强的人可能会说：显然需要找出原因，为什么东边的外墙面腐蚀很严重？

　　经过调查以后发现，原来纪念馆的清洁人员在洗墙的时候，用了一种高腐蚀性的清洁剂，这才导致了墙面的腐蚀。所以正确的解决方法应该是，在刷漆修补了这一次的墙面以后，要求清洁人员下次清洗墙面时用低腐蚀度的清洁剂。

　　然而根据5 Why分析法的原则，事情并不能就这么结束了，还要继续追问：为什么清洁人员要用高腐蚀度的清洁剂？经过调查发现，原来是因为东边的墙上经常粘着很多鸟粪，用一般的清洁剂洗不干净。

那么还要继续追问：为什么东边的墙上有很多鸟粪？

调查发现，原来是因为墙上有很多蜘蛛，而这些鸟以蜘蛛为食，所以经常在墙附近活动。

那么，为什么墙上有很多蜘蛛？

因为墙上有很多小虫子，而蜘蛛以这些小虫子为食。

再继续追问：为什么墙上有很多小虫子？

因为东面墙上有几扇窗子，晚上，纪念馆里的光会从这里透出去，而这些趋光性很强的虫子就被光吸引过来了。

所以，最终得出的正确解决方法是：在东面墙上的窗户那里安装遮光性很强的厚窗帘，每天太阳落山之前拉上窗帘，这样就能彻底解决问题了。从刷漆修补墙面到安装厚窗帘，解决方案的跨度如此之大，如果没有5 Why分析法的引导是很难思考到的。设想以下的问答：如何解决外墙腐蚀的问题？——安装窗帘。这个问答看起来有多么跳跃和奇怪，5 Why分析法的价值就有多大。

自问自答这一系列"为什么"，就可以查明事情的因果关系或者隐藏在问题背后的真正的原因。在这个过程中，要重视"数据"，更要重视"事实"。一旦发生问题，如果原因追查不彻底，解决办法也就不会奏效。

5.4 持续改善

所谓持续改善，是以不断改进、不断完善的管理理念，通过全员参与各个领域的目标化、日常化、制度化的改进活动，运用常识的方法及低成本的"改善"手法，确保逐渐进步，实现螺旋式上升，促进阶梯式的持续进步、稳健发展。提到持续改善，精益专家们时常会提到"Kaizen"（图5-10）。

Kaizen这个词来自日本，"Kai"指的是改变的"改"（change），"zen"指的是善、好（good），连起来就是好的改变，持续提升，持续改善。

Kaizen最初是日本企业界的一个管理概念，用于渐进的、持续（增加）的变革或提高。"持续改善"是今井正明在《改善——日本企业成功的关键》

图 5-10　Kaizen

一书中提出的。在第二次世界大战之后，为了在工业过程中消灭浪费、提高效率，持续改善的方法发展起来。这一过程涉及企业内每一个人、每一环节的连续不断的改进和完善，达到产品质量的最终提高。

下面通过两个企业的例子来帮助大家更好地理解什么是持续改善。

前文中提到了5S，而企业要真正实现5S，则是一个不断持续改善的过程。例如，某制药公司在对药品取放场所进行初次改善时，项目团队成员将物品分类放置作为关注点，然而随着药品数量增多，发现存放分类越来越困难，并且由于缺少标识，导致药品查找费时。随后，进行以定制容器（药品橱柜）、增加标识为主要思路的第二次改善，不仅充分利用了空间，还能通过标识编号和清单的使用快速找到药品，改善后方便了其统计和使用，平均每次节约20秒的时间，增加了工作效率。在使用一段时间后，团队成员又重新思考药品取放过程中是否还存在浪费时间的因素，能否更为高效？因此，第三轮改善又开始了。大家将药品橱柜的实木柜门拆除，直接存取物品，又节约了大量查找物品的时间（图5-11）。

类似的例子还有药品生产线上标签卷的安装（图5-12），最初的时候需要通过工具加上螺丝才能拧紧，在第一轮改善中，员工引入卡箍这个小道具，可以直接用手将卡箍按紧，工作变得轻松不少。然而改善并没有结束，用手按紧还是存在不便，因此第二轮改善采用了弹簧夹紧的结构，可去除手部动作的浪费。通过这样的持续改善，平均每一次安装可以节省5秒钟的时间，并且减少了拿取工具所需要的时间和动作。

通过上面的案例，我们会发现：一个小小的改善，可以对生活、工作产生巨大的改变。持续改善的难能可贵在于持续不断，人生前行道路两旁的风景不全是由那些轰轰烈烈的大事组成，还有很多"毫不起眼"的小事，小小的改善，也意义非凡，慢慢积累起来，就会成为大的改善，铸就巨大的成功。

改善阶段	现场照片
初次改善：分类放置	
第二阶段改善：定制容器、增加标识	
第三阶段改善：拆除柜门	

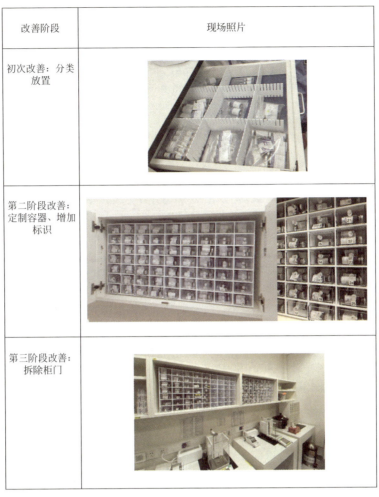

图 5-11　药品取放场所的持续改善

图 5-12　标签卷安装方法的持续改善

5.5 提升质量和效率是大学生成才的关键要素

5.5.1 效率创造不同的人生

时间对每个人都是公平的，每天只有 24 小时，有的人可以过得精彩非凡，有的人却可能过得碌碌无为。对于我们而言，大学生涯的起跑线都非常接近，但当放眼毕业之时，差距就会慢慢被拉开，等到 5 年、10 年甚至 20 年之后，差别也许会更大。

试问，在不久的将来，你是想做一个碌碌无为、毫不起眼的平庸之辈，还是要做一个人人钦佩、显赫荣耀的成功者？如果你选择后者，那么大学生涯实现"高质量"是非常重要的，而"效率"就是实现"高质量"的关键要素。

小米科技创始人雷军可谓年少成名。18 岁时雷军考入武汉大学，为了不落后于人，他戒掉了午睡的习惯，把时间分割成以半小时为单位，为自己制定好每半小时的学习计划。他仅用两年就修习完别人四年才能完成的课程，并包揽学校几乎所有的奖学金；22 岁与人合著《深入 DOS 编程》，后又合著《深入 Windows 编程》，成为程序员争相阅读的红宝书。这些成就充分体现了他高效率、高质量的学习成果，可谓"一次正确"的典范。

雷军的创业之路，相较他的学习旅程似乎并不是那么一帆风顺。雷军在大学时期看过一本名为《硅谷之火》的书，从那以后，他不再满足于校园生活，做起了创业梦——开创一家世界一流的公司。然而大三暑假开始创业的他，在大四惨淡收场。失败并不可怕，他从创业经历中吸取经验，思索如何做到"二次正确"。毕业后，雷军进入金山软件，坚持学习，努力工作，随后转战天使投资人，积累经验、教训和资本。2011 年，他拿着一款名叫"小米"的手机亮相，与小米不断创造 IT 届的轰动。这一次，他成为互联网创业时代的后来居上者。

反之，在大学期间，因为学习效率低、质量差而导致退学的例子也不在少数。在大学期间，有时看似不经意的学习效率的差距，最终可能会有截然不同的结果。因此想要获得高质量人生，我们要学会如何高效学习。

5.5.2 如何做到高效学习

大学时期可能不是最适合创业的时期,但却是积累专业知识和拓宽眼界的绝佳时期,因为大学时期的时间相对自由,可以花更多的时间在自己感兴趣的学科和领域上钻研和探索。但是随着时间的推移,很多同学都会发出这样的感慨,"时间都去哪儿了?""忙忙碌碌了一个月甚至一个学期,好像没干什么就结束了"。就像李笑来在《把时间当作朋友》一书中写道:"无论是谁,都最终在某一刻意识到时间的珍贵,并且几乎注定会因懂事太晚而多少有些后悔,处于要做的事情越来越多,可用的时间越来越少的地步,因此时间越来越珍贵,时间越来越紧迫,导致压力越来越大,生活成了一团乱麻。"因此我们需要有效利用时间、提升学习效率,在有限的时间里持续精进并达成目标。

"工欲善其事,必先利其器。"想要达到高效学习,学习方法很重要。学习方法不仅仅局限于获取知识的手段,还包括学习习惯、学习环境等方面。

回想一下,你的桌面上是否摆放了不止一门课程的学习资料,桌边是否有很多触手可及的与学习无关的东西,是否经常找不到自己的学习资料或是笔记。

这种时候就可以应用"5S"这个工具对自己的学习环境进行整理。例如,区分桌面上要与不要的东西,将与本次学习任务/目标无关的东西都从桌面上移除,腾出足够的学习空间;将本次学习需要用到的东西进行定位,整齐摆放;清理桌面上的杂物,保持学习环境干干净净、明明亮亮。每次学习之前通过5S的整理,不仅能改善和优化学习环境,排除干扰,也能更好地厘清学习思路,聚焦关注点,提高学习效率,最终养成良好的学习习惯。

在考试失利后,你是否对自己的成绩有过疑问?是否回忆过自己做错的题目?是否感慨自己只要多做对一道题就好了?

这种时候就可以应用"鱼骨图"工具进行分析。首先将自己的错题记录下来,把正确答案或分析方法写在题目下方,再分析导致做错题目的各种因素,是题干没看清楚,计算过程粗心,抑或是解题思路错误?找出问题的根本原因,改变自己的解题思路或方法,从失败中学习,达到"二次正确"。如果你每次都仔细审查考试、作业中一两道题目的错误,那可能会在接下来的考试中得到意想不到的结果。

学习习惯、学习环境等可以看作高效学习方法的外在因素,而更重要的内在因素是"思维模式"。在电影《教父》中有这样一句话:"花半秒钟看透事物本质的人，和花一辈子都看不清事物本质的人，注定是截然不同的命运。"其本质区别就是是否经过深入的思考。在大学阶段学习的目的是获取知识来武装自己，而真正正确深入地思考才是获取知识的主要手段。

在大学期间，很多同学都知道要努力学习，但从来不问为什么，也不清楚自己的目标是什么，自己想要的究竟是什么。结果学习的过程中积极性始终不高，学习效率、学习质量也难以提升。其实在开始学习之前不妨运用本章介绍的"黄金思维圈"，以终为始，从 Why（为什么）出发，有了明确的目标后自然能够更好地制定行动方案 How（怎么做）并积极实施 What（做什么）。

我们都拥有美好的梦想和雄心壮志，但在跌跌撞撞、荆棘丛生的追梦路上，有多少人能坚持到底，又有多少人半途而废、随波逐流。只有善于思考的人，才会对自己的经历、接受的知识进行不断反思和探索，从中提炼出有助于成长的经验。

质量和效率是大学生成才的关键要素。大学阶段的学习和生活是践行质量和效率的绝佳平台，我们不妨尝试一下，确定一个小目标，在达成目标的路上，追求更多的"一次正确"——在过程中的各个环节关注质量，适时的"二次正确"——用积极的心态不断从失败中学习，培养追求高质量、高效率的好习惯，为今后的人生做好重要的铺垫。

推荐书目

《转危为安》W. 爱德华·戴明

《从"为什么"开始：乔布斯让 Apple 红遍世界的黄金圈法则》西蒙·斯涅克

《把时间当作朋友》李笑来

推荐视频

1. 哔哩哔哩：START WITH WHY BY SIMON SINEK | ANIMATED BOOK SUMMARY

思考：从 WHY 开始，对你有什么启发？

2. 哔哩哔哩：5分钟浅谈：改善到底要改什么？

思考：请应用改善的理念解决学习或生活中的一个实际问题。

课后思考

1. "一次正确"给我们什么启发？
2. 为什么"二次正确"也很重要？

参 考 文 献

［1］朱兰，德费欧.朱兰质量手册［M］.焦叔斌，苏强，杨坤，等译.6版.北京：中国人民大学出版社，2014.

［2］克劳士比.质量免费［M］.杨刚，林海，译.太原：山西教育出版社，2011.

［3］戴明.转危为安［M］.钟汉清，译.北京：机械工业出版社，2016.

［4］杨钢.第一次把事情做对［M］.北京：北京联合出版公司，2017.

［5］王佐开，王学良.防错技术的实施思路及其案例分析［J］.航空标准化与质量，2010（3）：10-13.

［6］李平惠.浅谈"5S"管理［J］.科学大众（科学教育），2020（3）：118.

［7］萨伊德.黑匣子思维：我们如何更理性地犯错［M］.孙鹏，译.南昌：江西人民出版社，2017.

［8］刘亚青.5Why方法论在质量改进中的应用：系统化、结构化、易于实践的质量改进工具［J］.商业文化（学术版）.2010（11）：275-276.

［9］罗宜美，黄胜延，曹式有.改进鱼骨图在生产管理中的应用［J］.工业工程，2007，10（2）：138-141.

第 6 章
质量与工匠精神

6.1 质量强国的时代背景

改革开放四十余年以来，我国的制造业经历了高速发展，有了较为深厚的积淀，目前已经成为制造业第一大国。其中，国产家电业、纺织业、发动机产业等作为我国制造业成长和发展的典型代表，在脚踏实地的深耕和孜孜不倦的研究创新下，以极高的市场占有率面向世界。在世界500多种主要工业产品中，中国有220多种工业产品的产量位居全球第一，可谓遍布天下。可现实是，中国品牌产量虽大，许多国人仍然钟爱进口品牌，出国"扫货"、代购的现象比比皆是。既然中国的制造能力有目共睹，进口货为什么仍然这么"香"呢？究其原因，在于"质量"二字。

放眼全球，"德国制造""日本制造"在当今世界赢得了相当高的美誉，但德、日企业却有一段鲜为人知的发展历史——德国产品在一战、日本产品在二战之后，均有一段质量低谷，制造产品在业内诸多恶名，直到这两个国家真正地关注和重视质量，乃至整个社会都在努力提升质量之后，产品才有了质的飞跃。曾经耻辱的低质量标签摇身一变成为现今有口皆碑的世界名牌。

我国虽已成为具有重要影响力的制造业大国，逐步进入与国际接轨、同步发展、领先世界的时代，但仍然存在创新能力待提升、供给体系质量待优化、制造业附加值待提高、资源环境承载压力待解决等问题。除此之外，经济全球化深入发展，与质量相关的各种要素和资源必将在全球范围内配置，相关方面的竞争会愈发复杂和激烈，这些问题制约着我国高质量的发展。正如习近平总书记在党的十九大报告中指出的那样，"我国经济已由高速增长阶段转向高质量发展阶段"，"我国社会主要矛盾已经转化为人民日益增长的美好生活需要和不平衡不充分的发展之间的矛盾"。

因此，我们更加需要清醒地认识到，我们仍旧处在企业全球化价值链较低的水平，人民内部也迸发出对高质量产品和服务的需求。我们只有向制造强国转变才能紧跟时代的步伐，制造业转型已是迫在眉睫的时代需求。世界上发达国家的发展经验表明，质量是一个国家综合实力的重要标志、一个民族蓬勃发展的重要因素，质量强则国强，质量兴则民族兴。

我国实现从"制造大国"向"制造强国"、从"中国制造"向"中国创造"的转变，一是要把更多的资金资源转向实体经济，二是要努力培养具备创新思维、工匠精神的高素质人才。

在"质量时代"大力弘扬工匠精神，对于推动经济高质量发展、实现"两个一百年"奋斗目标具有重要意义。没有强大的制造业，就没有国家和民族的强盛，打造具有国际竞争力的制造业，是我国提升综合国力、保障国家安全、建设世界强国的必由之路。因此，培育和实践工匠精神，是建设质量强国的一项重要任务，是经济高质量发展的应有之义。

6.2 什么是工匠精神

6.2.1 工匠精神的定义

(1) 工匠是什么？

当谈起工匠精神，首先要明白"工匠"二字意味着什么。"工匠"的字面意思为手工艺人。在现代社会中，"工匠"的范畴广泛得多，既包含了从事制造活动的劳动者，又包含了提供服务的劳动者们，如程序员、医生和艺术家等。

通常可以从两个角度评价工匠水平：一是技能，即工作的实际能力或者工作的有效性；二是态度，细致、热情和投入在工匠的匠艺活动中尤为重要。在技能方面，匠艺活动是一种实践智慧，是在特定专业领域内面对工作对象所展现出来的与众不同的灵巧；在态度方面，匠人们展现出的永恒、基本的人性冲动就是为了把事情做好而做好的欲望。在当代社会，有不少出色的人才都可被称为工匠，例如中国商飞上海飞机制造有限公司高级技师，现任中国商飞上海飞机制造有限公司数控机加车间钳工组组长胡双钱。他坚守航空事业40余年，加工数十万飞机零件无一差错，被称为"航空手艺人"。他先后高精度、高效率地完成了国产 ARJ21 新支线飞机首批交付飞机起落架钛合金作动筒接头特制件，以及 C919 大型客机首架机壁板长桁对接接头特制件等加工任务（图6-1），还发明了"反向验证"等一系列独特工作方法，确保每一个零件、每一个步骤都不出差错。可以说，中国人自己的大飞机能够翱翔于蓝天之上，离不开他的辛劳与汗水。

图 6-1 中国商飞制造 ARJ21 支线飞机和 C919 大型客机

(2) 古今中外的工匠们

自古以来，工匠们的故事就被广为传唱，他们所代表的工匠精神也是人类发展的美德中一颗璀璨的明珠。随着社会发展和时光流逝，越来越多的工匠故事都流传下来，被大家所熟知。而工匠精神，也被我们代代传承。

先秦的鲁班以心灵手巧而成就事业；李冰修建中国水利史上最伟大的都江堰工程，被誉为"中国二千数百年前卓越之工程技术专家"；三国时期著名发明家马钧虽不善言辞，却擅长解决实际的技术难题，创造了龙骨水车、轮转式发石机等众多发明；宋代的韩公廉成为将工匠传统与天算知识结合的工程师，是水运仪象台和假天仪的重要发明者；明朝的宋应星，虽未能考中进士，却撰写出被外国学者誉为"中国 17 世纪的工艺百科全书"的《天工开物》，其也被后人视为中国古代杰出的科学家。时至今日，还一直源源不断地涌现出诸如"天眼之父"南仁东、"中国卫星之父"孙家栋等一大批的大国工匠。从古至今，我国各类匠人以精湛的技艺为社会创造价值，做出过不少重要的发明和创新，为中华文明的形成与繁荣做出了不可或缺的重要贡献。

同样的故事在国外也数不胜数。意大利文艺复兴三杰之一的达·芬奇,不但在绘画、雕刻、建筑领域具有极高的艺术造诣,更通晓数学、生物、物理、天文等诸多学科,也是一位伟大的科学家、发明家;"交响乐之王"贝多芬即使在耳聋和重病的情况下,依然保有对音乐的赤子之心,靠着感觉琴弦的振动写出了举世无双的《命运交响曲》。这些工匠们怀着对质量卓越的追求之心,严格要求自己的创作,热爱自己的职业,流传为一代佳话。

(3) 工匠精神是什么?

"工匠精神"是一个抽象的概念,即匠人们的思维、意识。在不同的历史阶段,工匠作为一个特定的群体所展现出的不同的高超技艺、生存状态和文化特质,是工匠精神得以延续和传承的基础。

《大国工匠》是央视新闻推出的系列节目,讲述了 8 位不同岗位劳动者用自己的灵巧双手、匠心筑梦的故事。在《大国工匠》第二集,重点介绍了一位世界级的焊工——未晓朋(图 6-2)。

(a) 蜷缩在管道内进行焊接工作　　　　　　(b) 刻在电焊主管道上的焊工工号

图 6-2　大国工匠未晓朋

来源于《新闻 30 分》,图为新闻截图

2015 年,在东部沿海城市连云港,田湾核电站正在建设。密集布设的管道历尽曲折,大多指向核电站的核心部位——核反应堆,由于主管道材料结构复杂,焊接难度大,目前只能采用手工焊接,焊接任务难度极大,甚至超越人体极限。身材高大的未晓朋需要在宽仅 90 厘米的管道内工作,手上不能有丝毫晃动,焊枪必须保持至焊条焊完为止,无论如何不适都必须忍耐。在这样的工作环境下,最后检验结果显示,未晓朋的焊接合格率高达 100%。"手稳了你才能保证焊条正常燃烧,才能保证质量。责任到你身上了,你就要有勇气去承担它。"在完成整个焊接后,焊工要把自己的工号刻到主管道上面,这不仅仅是一种荣耀,更多地是一种责任。未晓朋说:"那就是我的名字,那道口和我的名字和我的命运紧紧地就绑在那儿了,是永久的,如果我干不好,那就是我的耻辱。"他所完成的核电站主管道焊接,将保障 40 年核电站反应堆主管道的安全。

工匠们的职业生涯既是技艺磨砺过程、技能沉淀过程，也是心路历程。无数挑战式的积累造就了他们自己，更拓展了人类的认知空间和创造能力。"大国工匠"未晓朋的故事让我们看到了在电焊火花中的匠艺瑰丽，工匠精神涵盖的并不仅仅是技术、技巧、技艺方面的追求，而更多的是代表一种精神内核和文化特质。

工匠精神的内涵可以概括为：精益求精、持之以恒、爱岗敬业、守正创新。

精益求精是工匠精神最为称赞之处。具备工匠精神的人，会追求卓越的工艺品质，以严谨的态度，规范地完成好每一道工序。不管是制作一支钢笔，还是组装一架飞机，他们对每一个零件、每一道工序、每一次组装都认真对待。所谓精益求精，指即使已经满足要求，还要继续追求卓越，还要做得更好。老子曰："天下大事，必作于细。"不论是个人还是企业，保持追求极致、精益求精和凝神聚力的职业品质，必能基业长青。

持之以恒是工匠精神最为动人之处。具备工匠精神的人是内敛的，他们不会在意自己的平凡，不受外界的纷扰，专注而执着地坚持着自己的本心，在积累中日渐脱颖而出。正如前文的"大国工匠"们，他们甘于为一项技艺的传承和发展奉献毕生才智和精力，他们的内心笃定并有着着眼于细节的耐心、坚持的精神。持之以恒不仅意味着执着，更是几十年如一日的坚持与韧性。"书痴者文必工，艺痴者技必良"，古有《核舟记》中描述过的"奇巧人"王叔远、今有"宣纸工匠"周东红等等，无不是在持之以恒的实践中呈现出超过标准的技艺与产品。

爱岗敬业是工匠精神的力量源泉。爱岗敬业是中华民族的传统美德，也是当今社会主义核心价值观的基本要求之一。"春蚕到死丝方尽，蜡炬成灰泪始干"，正是爱岗敬业精神激励着一代代工匠匠心筑梦。所谓敬业，是从业者敬畏且热爱所从事的职业，从而产生一种全身心投入的认认真真、尽职尽责的职业态度。《论语》有曰："居处恭，执事敬，与人忠。"其中，"执事敬"即指"工作认真"，这不仅是古代君子的为人处事之道，更是我们现在应恪守的品德修养。

守正创新彰显了工匠精神的时代气息。古往今来，热衷于创新和发明的工匠们一直是世界科技进步的重要推动力量。新中国成立初期，我国涌现出一大批优秀的工匠，如倪志福、郝建秀等，他们为社会主义建设事业做出了突出贡献；以钱学森、袁隆平为首的大国工匠们凭借丰富的实践经验和不懈的思考进步，带头实现了一项项工艺革新、牵头完成了一系列重大技术攻坚项目；改革开放以来，"汉字激光照排系统之父"王选、"中国第一、全球第二的充电电池制造商"王传福等人都是工匠精神的优秀传承者，他们在各自工作岗位上的守正创新正是当今我国时代精神的最好表现，他们让中国创新重新影响了世界。

6.2.2 工匠精神的特征

遥望历史长河，我国自古就有尊崇和弘扬工匠精神的优良传统，一些工艺水平在世界上长期处于领先地位。瓷器、丝绸、家具等精美制品和许多庞大壮观的工程建造，都离不开劳动者的工匠精神。《诗经》中的"如切如磋，如琢如磨"，反映的就是古代工匠在切割、打磨、雕刻玉器等时精益求精、反复琢磨的工作态度。《庄子》中讲庖丁解牛游刃有余的原因为"臣之所好者道也，进乎技矣"。可以说，我国古代非常注重工匠精神，形成了"尚巧工"的社会氛围。

新中国成立以来，党在带领人民进行社会主义现代化建设的进程中，始终坚持弘扬工匠精神。无论是"两弹一星"、载人航天工程取得的辉煌成就，还是高铁、大飞机等的设计与制造，都离不开工匠精神，展现出我们对工匠精神的继承与发扬。国家对"两弹一星"功勋科学家（图 6-3）的表彰，也是号召后人学习他们的精神。

于敏　王大珩　王希季　朱光亚　孙家栋　任新民　吴自良　陈芳允

陈能宽　杨嘉墀　周光召　钱学森　屠守锷　黄纬禄　程开甲　彭桓武

王淦昌　邓稼先　赵九章　姚桐斌　钱骥　钱三强　郭永怀

图 6-3　"两弹一星"功勋科学家

工匠精神的特征首先体现在对作品的极致追求。专注于质量，提供优秀的作品，是工匠精神的首要特征。对于工匠而言，作品不仅是产品，更是艺术品，是工匠智慧的可视化体现，它的质量代表着工匠的声誉、尊严和道德品格。因此，工匠对作品有强烈的责任感。例如，中国先秦时期手工艺专著《考工记》中记载，制轮工匠若想获得"国工"的称号，必须达到"可规、可萬、可水、可县、可量、可权"的标准；入选世界非物质文化遗产的宣纸有"纸寿千年"的美称，制作宣纸的传统工序多达108道，大约需要3年的时间，不论是水质、原料制备，还是用于制作宣纸的器具、工艺都有着严格的要求；纪录片《了不起的匠人》中，被誉为"现代鲁班"的王振华，用5年时间，历经10万多道步骤，共7108个零件用全榫卯结构复刻了天坛祈年殿。

工匠精神的特征还体现在对技艺的精益求精。技艺是工匠的生命，若要达成精进的技艺和完美的作品，则必定离不开工匠对本专业的专注。工匠精神实际上模糊了设计和制造、思维和双手的界限，其体现行为所代表的本身就是一种如何解决问题的思维方式。宋代欧阳修所著的《卖油翁》就揭示了熟能生巧的道理，在投身专业领域后，反复的练习是掌握高质量高水平技艺的前提。机械工业技能大师顾健专注维修高精度零件——精度2微米，机器可达到的最小精度也仅为5微米，达成如此精准的控制能力，他总共花费了24年。美国前总统奥巴马曾特意到访的寿司餐厅中世界年纪最大的米其林三星主厨——被媒体誉为"寿司之神"的小野二郎认为："我一直重复着同样的事情以求精进，总是向往能够有所进步，我继续向上，努力达到巅峰，但没人知道巅峰在哪。我依然不认为自己日臻完善，爱自己的工作，一生投身其中。"

著名画家齐白石先生精通诗、书、画、印，是中国近代国画大师。这位大师的艺术造诣并非仅仅天赋使然，而是对其自身技艺专注一生的精益求精的结果。齐白石最擅长画虾、虫等动物，之后才学习了篆刻，并获得了"三百石印富翁"的雅号。这一雅号的由来，便是齐白石大师勤奋、刻苦、坚持和热爱的成就。

初学篆刻时，齐白石经常不得要领，为此很是苦恼，便去请教一位擅长篆刻的朋友，得到了一个窍门：到南泉冲挑一担础石，随刻随磨，刻上三四个点心盒，石头都磨成了石浆，功夫也便到家。齐白石听后照做了，他搬回大量石料，日复一日，年复一年，磨完了刻，刻完了再磨，础石越来越少而地上的淤泥越来越厚。当一担础石都化成了泥,齐白石的篆刻艺术也达到了炉火纯青的境界。

齐白石的刻印,雄健、洗练、独树一帜(图6-4)。当他回想起自己学习篆刻时的经历,写下这样的一句话:"石潭旧事等心孩,磨石书堂水亦灾。"齐白石大师的精益求精并非一时兴起,而是发自内心真正的喜爱,成为他一生的习惯。

(a) 朱文刻印儿辈不贱家鸡

(b) 白文刻印闲散误生平

图 6-4　齐白石刻印照片
两幅刻章都为北京画院馆藏

工匠精神离不开对职业的认同。俗话说"干一行,爱一行",工匠精神文化浓厚的国家,工匠对职业的认同感往往也比较高。"良田万顷,不如薄艺随身"也反映了我国古代对技术价值的认可。以"匠人之心"工作,工作就成为一种忘我的投入而非痛苦的任务。至当今时代,"杂交水稻之父"袁隆平深耕农田数十载,大爱无疆的钟南山勇赴抗疫第一线,一生只做一件事的"糖丸爷爷"顾方舟抗击脊髓灰质炎造福后代,还有2015年诺贝尔医学奖获得者屠呦呦用青蒿素挽救亿万生命,这些工作、任务的出色完成都基于他/她们对职业的认同和对事业的热爱。

1967年,研发抗疟新药的"523研究组"成立,召集了全国六十多个科研机构,500多名科学家,十多年的时间里,加上中途轮换的,总计达到2000多人。38岁的屠呦呦,只是一个助理研究员,临危受命成为"抗疟中草药研究组"组长(图6-5)。她从系统整理历代医籍入手,查阅经典医书、地方药志,四处走访老中医,做了2000多张资料卡片,一字一句地阅读640万字的药方集。经过一次次的试验排查,一次次的失败,最后整理出一个含 600 多种（包括青蒿在内）草药的《抗疟单验方集》。为了能尽快验证青蒿素在人体内的药性和副作用，1972 年屠呦呦等三名科研人员一起成为试药的小白鼠。当时，她咬牙把不到 4 岁的大女儿送到了托儿所全托班，小女儿则一直在宁波老家由老人照顾，回家时女儿已不认得母亲。人非草木，孰能无情，只是在她心里，有比个人情感更大更重的东西。她说："国家交给任务，当时对我们来说，就努力工作，把国家任务完成。只要有任务，孩子一扔，就走了。"而这些话，不仅是她一个人的答案，也是那一代人共同的信念和选择。

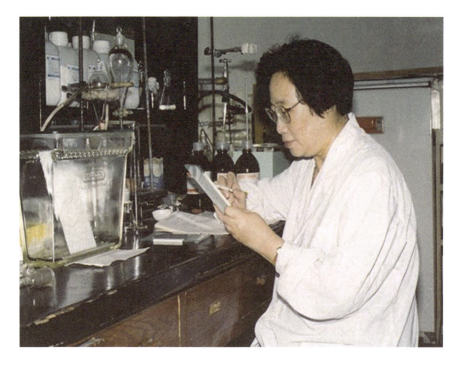

图 6-5　屠呦呦在实验室进行试验的照片

自改革开放以来，我国经济总量不断提升，近年来，"高质量"成为经济发展的关键词，"工匠精神"逐渐成为中国制造、中国创造的题中之义。工匠精神不仅是对产品精雕细琢、精益求精的精神理念，更代表了一种专注、执着、坚持、耐心、淡然和精细的品质。当前，我国要实现高质量的发展目标，就必须大力培育和弘扬工匠精神。

6.3 工匠精神助力质量强国

6.3.1 工匠精神与质量追求

工匠精神作为一种无形的人力资本，是增加企业新动能、促进产业转型升级的一种生产力。工匠精神从提升产品质量出发，在各个层面支撑质量强国战略的建设和实施。在生产资料和生产对象领域，匠人会选取最好的原材料以制作最好的产品。原材料的优良是保证质量的根本，只有具备了优良的材料，以精巧的技艺制作出来的物品，才能称得上一流的产品。另外，在产品制造环节，匠人按照严格规范的法度和标准来制造产品。不按照严格的标准制作的器物和按照严格的标准制作的器物，虽然表面上看起来没什么差别，但是内在质量是不一样的，经过一段时间的使用不按照严格的标准制作的器物往往会不稳定甚至出现问题，所以偷工减料是做不出来好品质的产品的。

工匠精神是一个人乃至一个群体、组织所体现出的精益求精、持之以恒、爱岗敬业、守正创新的文化特质和行为特点。工匠精神不仅有踏实认真做事情的态度，更有严格遵循规则基础上的创造力。中国工匠自古就是指具有创造才能的人，工匠们都具有自我创新和自我开悟的精神。在严格遵循制作器物规则的基础上，匠人不断进行着质量改善和技术创新，并运用在产品设计、生产、销售和售后等全产业链的质量管理体系中。工匠是具有锲而不舍的精神和创新能力的人，他们不断突破各种生产和流通环节的关键技术瓶颈，学习先进的生产技术和质量管理方法，提升产品劳动生产效率和产品质量。

在质量高速发展的今天，工匠精神依然是我们中华民族的瑰丽品质。提出脍炙人口的"让世界爱上中国造"口号的董明珠女士，36岁白手起家，不懈追求卓越的产品质量，打造了格力电器的品牌竞争力；任正非先生带领着华为用"经得起挑剔的好产品"走上通信设备技术的国际前沿，逆转国内通信设备的形势和格局，成为一段传奇。

在日本，树研工业花费数十年研发出了粉末齿轮（图 6-6），比头发丝更细，广泛用于微型相机、高端手表和精细医疗领域。德国，这个仅 8000 万人口的国家打造了 2300 多个世界名牌，其中大众汽车旗下全手工组装的保时捷，出厂前的各种检验和调试工序长达数月，将汽车做成了极致的大师级艺术品。

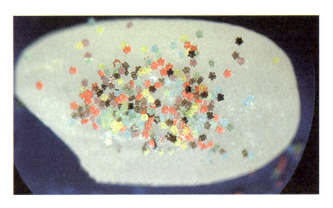

图 6-6　显微镜下，一粒米上可以放置超过 100 颗粉末齿轮

工匠精神自古传唱，造就了历史长河中不同国家和民族的质量之魂。中国现代化发展的道路，是一条技术兴国、制造强国的道路，而支撑这条道路的则正是"工匠精神"。面临挑战和变革，能在高速变化的时代中保持灵活性和适应性，也正是得益于工匠精神。工匠精神是实现高质量成果的途径、手段和在此过程中所展现的态度。建设质量强国，就需要具有工匠精神的人潜心专注于各个领域，在工作中的每一个环节都体现出最大限度的专业和标准，保证产品的好品质和高性能。

6.3.2　工匠精神与质量文化

工匠精神传承于中华民族传统工匠文化，还需要与现代工业文明相结合，不仅要专注执着和精益求精，更重要的是发扬创新精神。在现代工业中，当代工匠利用先进的技术来解决问题，并在实践中不断优化这种技术和解决问题的方法。弘扬具有创新精神的现代工匠精神，蕴含了新知识的创新和创意的创新，其中新知识的创新，是将科学技术转变为产品和方法的创新，这种创新需要将知识变为可以应用的技术，并且用这种技术生产出新的产品和服务；基于创意的创新，代表了现代匠人独创性和进取性的特质，给人们带来了更多创新的灵感、动力和机遇。

质量之魂存于匠心。工匠精神是质量文化建设必不可少的组成部分。工匠精神中蕴涵的巨大力量，通过融入质量文化建设而得到发扬光大，在推动发展中得到验证和释放。当代企业应加强人才培养，将精益求精、不懈创新、笃实专注的工匠精神融入企业的质量文化，推动形成质量提升的精神内核。

6.3.3 工匠精神与中国创造

中国是世界上唯一拥有联合国产业分类中全部工业门类的国家，有非常健全的产品生产和加工产业链。品牌是企业走向世界的通行证，也是国家竞争力的重要体现、国家形象的亮丽名片。目前的中国制造业，大部分依靠从发达国家大量引进生产技术、核心原材料、零部件或设备来生产产品。很多中国企业不掌握产品核心技术，凭着价格、服务等优势还是抢占了不少市场。可一旦发达国家限制出口，中国企业就如同被卡住脖子，辛苦打拼来的市场，瞬间拱手送人。除此之外，还有许多品类的产品与世界一流产品相比，普遍存在稳定性差和可靠性低等质量问题。其中一个重要原因就是这些领域缺乏长期钻研和持续创新的匠人，某些关键技术难以突破。中国制造业从低附加值的加工制造向更注重高技术、高质量、高品质的"中国创造"转变，依赖于质量文化的提升。要促使质量理念、质量价值观、质量道德观、质量行为准则的全面升级，需要企业在价值系统、哲学理念和企业文化上不断提升。以中国高铁为代表的中国制造在高端化、标准化方面取得可喜成绩，以港珠澳大桥为代表的中国建造在智能化、工业化方面也迈出坚实步伐。这其中工匠精神起到了引领作用，推动质量文化各方面的积极发展，带领企业不断进行产品的创新，提升产品的质量和品牌，打造百年企业，从而提升整个国家产品的质量竞争力和品牌美誉度。

因此，在当代中国，需要全面传承和发扬工匠精神，不仅要让匠人通过尖端技术的钻研造就产品品质的提升，在全面提高产品质量中发挥重要作用，还要以工匠精神鼓励实业领域引领世界高标准、打造世界名品牌。如此，才能真正实现质量强国目标。当代很多大国工匠和普通匠人时刻传承着中华民族优秀的工匠精神，为了保证和提升产品质量，几十年在同一岗位上坚守和创新。他们坚守质量第一、坚持创造创新、不断修炼技艺、培养人才和带领团队等行为，充分体现了当代中国匠人的工匠精神。全社会要大力弘扬这样的工匠精神，全面提高广大人民的质量文化素质，加快建设知识型、技能型、创新型产业人才队伍，使其成为社会主义现代化强国的主力军。

2020年6月23日，中国北斗三号系统最后一颗组网卫星发射成功，北斗全球卫星导航系统星座部署完成，这意味着中国不仅在军事上，也可以在民用上独立使用卫星导航系统，摆脱了此前受制于他人的局面。北斗系统建设从立项论证到启动实施，从双星定位到区域组网，再到覆盖全球，历经 30 多年探索实践，三代北斗人持续奋斗，终于走出了一条自力更生、自主创新、自我超越的建设发展之路。在这背后，除了人们熟悉的科学家、设计师、指挥员等"大人物"，还有一群几十年如一日追求职业技能极致，凭借专注和钻研、秉承传承与坚守的大国工匠，是他们，缔造了一个又一个的中国创造。

北斗系统建设中一群年轻人的故事

进入新世纪，我国导航卫星有八大关键技术亟需突破，星载原子钟技术就是其中之一。有"导航卫星心脏"之称的星载原子钟发挥着提供时间基准的作用，决定着导航系统的导航定位、测速及授时精度。在开始建设北斗工程时，中国已经可以生产原子钟，但是它是否能够扛住火箭发射时的巨大震动以及太空真空环境下的考验还是一个未知数。正因为如此，北斗一号上的原子钟还依赖进口。在开始北斗二号建设时，中国向欧洲购买的原子钟在价格、精度和稳定性上也都达不到满意的效果。

怎么办？一批刚刚踏出校门的大学生投身航天事业，在前辈的"传帮带"下，投身星载原子钟的研制工作。

做钟要静得下心，耐得住寂寞。调试原子钟需要耗费大量时间，仅调试日稳定度这一项，"每调一改锥"就要等上 15 天才能看出效果。在阶段性测试验收节点前，北斗原子钟团队核心成员三天三夜没合眼，反复调整、测试、修改，手里的活儿一直不停。经过反复摸索、仿真、验证、调试，北斗原子钟团队终于成功研制我国第一台符合要求的星载原子钟，误差可以微小至 300 万年仅差 1 秒。

北斗这一国之重器背后的 80 后、90 后青年研究员们，正是当代青年传承工匠精神的优秀代表。这些还略显稚嫩的面孔和国家重大工程离得如此之近，他们年龄不大，但和那些大国工匠一样坚信：有一种工匠精神叫从年轻干起。

圆梦天宫的故事

2022 年 4 月 16 日 09 时 56 分，神舟十三号载人飞船返回舱在东风着陆场成功着陆，神舟十三号载人飞行任务取得圆满成功，验证空间站建造和运营所需的最后几项关键技术，为中国建造"天宫"打下重要基石，中国载人航天工程也将正式转入下一阶段——空间站建造阶段。

当我们羡慕航天员们在太空欣赏壮观的宇宙景色时，何曾想到，在这背后，是历经层层选拔和艰苦训练才铸就了一个又一个里程碑。航天员们需要接受非常人所能承受的长期日常训练，在前3年的理论基础学习阶段，除了近60门课程、3000多个学时的学习外，还需要进行严格的身体训练：

低压缺氧训练——航天员相当于以每秒15米的速度，被提升至海拔5000多米的唐古拉山，冒着氮气在血管中形成气泡甚至气栓的危险，他们的训练每次都要持续30分钟以上；

超重耐力训练——航天员要在时速100公里旋转的离心机里，承受40秒的8倍重力加速度，呼吸变得异常困难。

训练时，航天员手边有一个红色按钮，一旦感觉自己坚持不住，只要按下这个按钮，训练马上就会终止。然而，却从未有航天员主动按下过这个按钮。中国进入太空第一人杨利伟也曾表示过："当一件事坚持到快要坚持不下去的时候，实际上就接近成功了。"

今日中国航天出色成绩的背后，也离不开几代航天人的接续奋斗。

酒泉卫星发射中心是我国目前唯一的载人航天发射场，处在浩瀚的巴丹吉林沙漠深处。放眼中国载人航天发展的历程，1992年我国航天事业起步时，与发达国家有着数十年的差距，中国载人航天工程应该如何创造高质量的发展道路？时任工程首任总设计师王永志说："我们要横空出世，一起步就要赶超到位。"而这"赶超"，则是一代代航天人前赴后继的青春奉献，是无数航天人奋斗不息的日日夜夜。

面对各种艰苦环境的考验，广大航天工作者在戈壁大漠、浩瀚海洋和科研院所默默奉献着青春年华：在荒凉的戈壁滩上建起了国际一流的发射场，规模宏大、充满现代科技气息的航天城也拔地而起，高技术集成的指挥控制中心、先进的航天测控网开始启用……

自1992年到1999年，我国第一艘无人飞船神舟一号在酒泉卫星发射中心完成了发射升空和顺利返航，中国航天用短短七年"赶超"了发达国家用三四十年走过的路。铺就这条追赶之路的，正是一代代航天人的青春芳华。

2022年，距离2003年中国第一艘载人航天飞船神舟五号成功发射仅仅过去了19年。而就是在这近20年间，中国实现了从载人航天到空间站时代的跨越。在这一跨越巨大的征程中，我国航天工作者不仅创造了非凡的业绩，而且铸就了"特别能吃苦、特别能战斗、特别能攻关、特别能奉献"的载人航天精神，也是航天人们工匠精神的代表和体现。

6.4 当代大学生与工匠精神

6.4.1 大学生为什么需要培养工匠精神

习近平总书记强调，劳动者素质对一个国家、一个民族发展至关重要。技术工人队伍是支撑中国制造、中国创造的重要基础，对推动经济高质量发展具有重要作用。要健全技能人才培养、使用、评价、激励制度，大力发展技工教育，大规模开展职业技能培训，加快培养大批高素质劳动者和技术技能人才。要在全社会弘扬精益求精的工匠精神，激励广大青年走技能成才、技能报国之路。

中国经济正在迈向高质量发展的新阶段，"高质量"需要施策的领域很多，但培养高素质的技能型人才是不可缺失的一环。"中国制造"要升级，"大国工匠"不可缺。因此，中国政府高度重视技能人才培养工作，大力弘扬工匠精神，激励更多劳动者，特别是青年一代走技能成才、技能报国之路，培养更多高技能人才和大国工匠，为全面建设社会主义现代化国家提供有力的人才保障。中国正在引导全社会尊重劳动、尊重知识、尊重技术、尊重创新，真正形成"崇尚一技之长、不唯学历凭能力"的人才观念。作为"象牙塔"里的大学生，顺应国家需要，成为高技能人才，对今后的职业发展有着重大影响。

大学校园要形成尊重工匠、崇尚工匠精神的良好氛围。在欧美文化中，古时的出色工匠，可以跟艺术家和作家齐名，具有很高的社会地位。在新时代的中国，工匠精神代表着新中国劳动者的奋斗精神，是中华民族勤劳智慧的最好见证。对工匠精神的尊重，其实质是对劳动、知识和创造的尊重。大学教育要加快发展、传授同工匠精神深度融合的适应技术进步和社会需求的学业内容，为国家培养一大批高素质技能人才。鼓励当代大学生以工匠精神激励自我，培养敬业、精益、专注、创新的素养，如工匠一样，不断雕琢自己的产品，不断改善自己的技艺，享受成果在双手中升华的过程，精益求精，乐此不疲。形成如此学风校风，代代相传，定能造就"大国工匠"层出不穷的局面。

对于大学生而言，作为未来的"社会人"，要意识到具有良好的工匠精神与所学习的专业知识、经验一样会影响未来的发展。在学习和成长过程中，工匠精神是不可或缺的重要元素。试想一下，在大学里求学的过程不正是践行工匠精神，培养精益求精、持之以恒、爱岗敬业、守正创新的绝佳机会吗？以工匠精神来对待每一门功课的学习，珍惜光阴，不负韶华，为自己的高质量人生打下坚实的基础，让质量第一、严谨认真的工匠精神在人生发展中发挥举足轻重的作用。

6.4.2 大学生如何培养工匠精神

古代工匠有"师徒制"的传统，师徒之间采取"心传身授"的教学方式，有利于技艺的传授和工匠精神的养成。同样，在学校中，要养成好的习惯，虚心向老师学习，认真对待每一个细节，不断追求高标准、精益求精。

任凭时代变迁，工匠精神永不过时。无论任何领域，每一次成功的背后，都是一步一个脚印，离不开对细节、对专业的诚挚追求。

诺贝尔奖获得者李政道先生的故事

首次获得诺贝尔奖的两位中国人之一的李政道先生，在求学路上历尽艰难险阻，凭借顽强的毅力，在每一个学习阶段，都有超越同龄人的付出和收获。

读小学时，侵华日军占领上海，李政道被迫辍学；读中学时，日军进占租界，再次被迫辍学。离开上海后，李政道来到江西，在极其艰苦的条件下坚持自学，中学未毕业即赴贵州贵阳参加高考，途中受尽磨难，但如愿考上浙江大学。在浙江大学就读一年后，在伯乐物理学家束星北的指导下，转学至中国高等教育历史上的巅峰——西南联大。

李政道非常珍惜在西南联大学习的机会和时间，在战火纷飞的年代，幸得诸多物理学名师的指导，李政道不分昼夜，如饥似渴地学习新知。很快，他的努力成为改变他人生命运的契机。20世纪40年代，国民政府启动原子弹"种子计划"，需要派青年才俊赴美学习原子弹技术。在吴大猷先生和叶企孙先生的推荐下，仅为西南联大物理系二年级学生的李政道获得了赴美深造的机会。

赴美后，中国科学家师生一行方才得知，原子弹技术被美国视为绝密，禁止中国人接触。无奈之下，随行的青年学子只能申请在美读研，而李政道连大学毕业文凭都没有，根本无法入学美国研究生学院，甚至差一点打道回府。李政道全靠自己的努力，由试读生开始。有一次，"美国氢弹之父"特勒在开设的量子力学课上出了一道极其难的题目，李政道很快就做出来了，他的解题思路比特勒的还要好，获得特勒的赞赏，当年这门量子力学课程，李政道考了全班第一名。由于出色的学业成绩，最后他被芝加哥大学研究生院破例录取，更为幸运的是，他还成为物理学大师费米的研究生。正是由于他在战乱年间保持坚持不懈的求学和探索，以及后来在物理学领域孜孜不倦地努力开拓、锲而不舍地谦虚求索，才荣获了诺贝尔奖，赢得了世人的尊重。

在"捷径"泛滥、"速成"流行的当下，李政道的大师之路无疑给予我们很大的启发：大学生脚踏实地地学习、接受严格的训练，是从事科学研究的前提条件。要想在科研上有所成就，必须比常人更勤奋、付出更多的努力。在科研领域，必须要有直面冷板凳的坚毅态度，必须要有献身科学的精神，必须要在失败中越挫越勇，而这些，正是大学时代的工匠精神。

大学生终究要踏上社会，参加工作。无论做什么工作，都要树立"干一行、爱一行、钻一行、精一行"的工匠作风，无论在各行各业，如想要成就一番事业，实现自己的梦想，都需要日复一日的坚持，付出比他人更多的汗水。面对激烈的竞争，年轻人需要静得下心、沉得住气，先磨炼自己的本领，踏踏实实、一步一个脚印地朝着自己梦想的方向前进，力争在自己的工作中追求新突破、新极致，不断创造新的业绩，成为具有匠心、匠技的栋梁之材，为推动中国梦早日实现贡献自己的力量。

 推荐视频

1. CCTV 节目官网：《大国工匠》系列视频。
思考：在视频中，大国工匠们的故事给你带来哪些关于工匠精神的启发？
2. 好看视频：励志宣传片《工匠精神，青年榜样》。
思考：作为年轻一代，你应该如何在学习生活中践行工匠精神？
3. 优酷视频：BBC 短片：20 世纪最伟大的科学家之———屠呦呦。
思考：屠呦呦的成功展现了哪些工匠精神的特质？
4. 哔哩哔哩：90 秒回顾这 5 年国之重器。
思考：工匠精神是如何助力国家的发展的？

5.哔哩哔哩：2035国家大计，如何影响当代年轻人的一生。

思考：如何践行工匠精神，将自身的发展与国家的发展相结合？

课后思考

1. 作为大学生，我们要如何践行工匠精神？
2. 工匠精神如何与我们的发展相结合？
3. 工匠精神如何助力国家实现中国梦？

参 考 文 献

[1] 余同元.中国传统工匠现代转型问题研究［D］.上海：复旦大学，2005.

[2] 郑春荣.德国"手工业"漫谈［J］.德国研究，2002，17（1）：37-41.

[3] 桑内特.匠人［M］.李继宏，译.上海：上海译文出版社，2015.

[4] 质量文化建设课题组.工匠精神：质量变革下的演进与超越［M］.北京：中国标准出版社，2019.

[5] 沈王一，谢磊.让工匠精神涵养时代气质：弘扬工匠精神大家谈［N/OL］.人民日报，2016-06-21[2022-01-10]. http://theory.people.com.cn/n1/2016/0621/c40531-28465040.html.

[6] 谭靓青，王凌硕，邓孟，等.载人航天，梦想闪耀在太空［N］.解放军报，2021-09-16（5）.

[7] 杨利伟.天地九重［M］.北京：解放军出版社，2010.

第 7 章
当代大学生高质量人生的起跑线

7.1 高质量人才的标准

质量文化是当今时代的重要主题，国家、社会的发展需要高质量的人才。作为大学生，要从我做起，践行质量文化；要加速成长，为未来高质量的人生打好基础。我们正处在中华民族发展的最好时期，既面临着难得的建功立业的人生际遇，也面临着"天将降大任于斯人"的时代使命，是大有可为、大有作为的时候。习近平总书记在纪念五四运动100周年大会上的讲话中提到新时代中国青年六点"要求"——树立远大理想，热爱伟大祖国，担当时代责任，勇于砥砺奋斗，练就过硬本领，锤炼品德修为。

这"六点要求"彼此联系，解答了大学生如何成才的重要问题，也是青年如何铸就高质量人生，助力推动时代进步的理论指导。青年大学生是社会力量中最积极、最有生气的力量，"六点要求"从信仰观、国家观、时代观、奋斗观、成才观、品德观等方面，指导了青年大学生如何处理好个人发展与社会发展、国家进步、民族复兴的关系。这些都是大学生成才的重要方面，也是大学生如何成为高质量人才的重要标准。

习近平总书记指出，"自古英雄出少年。在漫漫历史长河中，人类社会青年英雄辈出，中华民族青年英雄辈出"。许多时代伟人、杰出科学家、战斗英雄等人物在与我们同龄之时，已在人生中出彩，取得骄傲成绩。我们也可以看到，青年英杰距我们并不远，他可能就在我们身边，甚至就是我们自己。所以，生机勃发的青年大学生是驱动中华民族加速迈向伟大复兴的重要力量，要保持和发扬永久奋斗的精神，为自己的理想信念而奋斗，为社会的蓬勃发展而奋斗，为国家富强、民族复兴、人民幸福而奋斗，为实现中华民族伟大复兴的中国梦而不懈奋斗。

7.2 高质量人生的设计

有句话叫作"思路决定出路，眼界决定境界"，在人生发展的重要阶段，了解人生发展的"灵魂三问"——"我是谁?""我要去哪里?""我该怎么去?"有着非常重要的意义,将会助力你开启高质量人生的新篇章。

希腊德尔斐太阳神庙上面镌刻着三条箴言,其中最为人们所熟知的是第一条:认识自己。"我是谁?"这是一个恢宏的问题,大哲学家苏格拉底将其作为自己的墓志铭,他认为一个人只有真正认识自己,才能完成自己的使命。

放眼观察四周,每个人对自我认知都不尽相同。有的人早已发现自己的目标所在;有的人"佛系度日",得过且过;还有的人精神懈怠,做事提不起兴趣……在这个时候,自我认知就显得格外重要——通过探索自己的兴趣、性格、能力、价值观等,进而思考人生愿景和使命,找到属于自己发展的道路,实现个人的价值。

"我是谁?"是古往今来永恒的议题,在困惑时,我们不妨驻足思考,将问题转变为"我想成为什么样的人?"这便引出了之后的"第二问",即"我要去哪里?"每个人对自己的定位,将会决定将来他能够有多大的成就。问问自己,我的梦想是什么?思考一下自己将来的定位,回答"我要去哪里?"这个问题。

所以,"我要去哪里?"即目标的管理。在踏入社会后,目标管理是必不可少的一个话题。其实,做任何事情都是要有目标的,没有目标也就失去了方向。大学阶段的学生们充满了机会去探索目标、制定目标,并坚持不懈地朝着目标努力。做好目标管理,能够帮大家更好地把握自己的人生。

在目标管理过程中,最首要的就是清楚认知自己未来的需求。假设你给自己定下的目标是成为未来行业的领导者,下一个要思考的问题就是,在大学里应该学些什么、做些什么,才能帮助我成为行业的领导者呢?这也就是"第三问"——"我该怎么去?"

成为领导者,必须要有大格局、大视野、大志向,要对世界有深刻的洞察力、对事物有敏锐的感知力,要培养自身的创新力、行动力和影响力,要站得高、看得远——学会去看行业的大方向在哪里。而要看行业的大方向,就必须要充分了解到我国发展的现状,这看似很宏大而遥远,但其实我们与国家发展有着千丝万缕的联系。在离开学校,走上社会的时候,我们都希望有更好的前程,其实这就是中国梦的一个组成部分——"国家富强""民族振兴""人民幸福"。那么如何去实现自己的目标,如何实现我们的中国梦呢?这个问题的答案也就是"我该怎么去?"最核心的答案。习总书记告诉我们,"撸起袖子加油干","幸福都是奋斗出来的"。让我们一起为中国梦去努力、不断成长,在实现中国梦的过程中，也同时实现我们自己的梦想。历史和现实告诉我们，每个人的前途、命运都与国家和民族的前途、命运紧密相连。国家好，民族好，大家才会好。

人生没有回头路，每一步都只能向前。设计好自己的人生，想清楚自己要什么，想要成为什么样的人，如何去实现，这将助力自己成就更高质量的人生！

7.3 高质量人生的实现

7.3.1 理想与目标

小时候我们都会被问到"长大以后想做什么？"有的同学想成为教师教书育人，有的同学想成为医生治病救人，有的同学想成为军人保家卫国。进入大学以后，我们更需要明确自己今后的理想和奋斗目标，它引领着我们，是我们前进的方向。有了目标，还需要坚持目标，为之努力奋斗。

我们都知道周恩来总理"为中华之崛起而读书"的故事。周总理在年少的时候，就已经确立了自己的目标，志向远大，并且坚持为之奋斗终身。正因如此，他才在之后的人生道路上越走越远，成为一代伟人。

我们来看个奥运赛场上的故事。

"百米飞人"苏炳添的故事

1989年出生的苏炳添，15岁第一次参加比赛就拿到第一名，并由此与田径结缘。17岁时他进入广东队，师从中国田径第一个全国百米纪录的创造者袁国强教练，接受系统的专业化训练，开启了田径职业生涯。从那之后，苏炳添就有了明确的人生目标：为了突破而奔跑。他的每一次重大比赛的成绩几乎都是中国队的一次突破。

作为2021年夏季东京奥运会百米飞人决赛赛场上唯一的黄种人，他在半决赛中跑出了9秒83的成绩，可以排在全人类第12位，而排在他前面的，全是非洲裔黑人，没有一个黄种人。苏炳添挥舞着拳头，兴奋地大叫"我终于完成了梦想，谁说黄种人不行了"。他用行动告诉我们，人类没有极限。

苏炳添让我们明白梦想和追求的力量，坚持梦想，朝着目标前进，一切皆有可能，如果不去坚持就永远不会成功。

身为新时代的大学生，我们要有愿景、有梦想，立足于中华民族伟大复兴战略全局和世界百年未有之大变局，心怀"国之大者"，把握大势，敢于担当，善于作为，为国家富强、民族复兴、人民幸福的中国梦贡献力量。我们要肩负历史使命，坚定前进信心，立大志、明大德、成大才、担大任，努力成为堪当民族复兴重任的时代新人，让青春在为祖国、为人民、为人类的不懈奋斗中绽放绚丽之花。

7.3.2 能力的发展

时代的发展与个人的成长是永恒不变的话题。伴随着信息化、全球化的进行，世界格局瞬息万变。"VUCA时代"的概念近年来越发流行，VUCA是"易变性"（Volatility）、"不确定性"（Uncertainty）、"复杂性"（Complexity）和"模糊性"（Ambiguity）的首字母组合，很好地诠释了当今时代的特性。

时代的齿轮越转越快，回想一下，电力的普及用了几十年的时间，而互联网的普及仅用了十几年的时间，移动互联网的普及更是仅用了几年的时间，人工智能、物联网、区块链已在当下快速发展。在时代变迁中，一些职业已然消失，一些行业正在被跨界打击。希腊著名哲学家赫拉克利特曾说："世界上唯一不变的就是变化本身。"而我们，正在共同经历和见证历史的剧变。面对变化，我们唯有清醒认知变化背后的本质，去拥抱变化，去调整自我，才能更好地成长和发展。

在充满着不确定性的快速变化的时代中，我们需要稳稳抓住自身的变量，让自己始终保持竞争优势。其中，能力发展是关键的变量之一。在人类的发展史上，决定个体强大与否的能力的因素在不断变化，最先是个人的体力，然后是知识、技术，而现如今在大数据飞速发展、信息爆炸席卷全球的时代，决定个体优势的因素逐渐转变为个人的专业能力以及对他人的影响能力（领导力）。

(1) 专业能力发展

发展专业能力的前提，是学习知识。大学是人生新的起跑线，抓住这四年时间成长至关重要。在此期间，我们需要不断锻炼专业能力，也就是将知识转化为生产力的能力。大学阶段有非常多的专业知识需要学习，我们必须扎实地学好这些专业知识，并在此基础上，将它转化为科研能力或解决问题的能力。

> **"学霸"雷军的故事**
>
> 小米创始人雷军在业内被称为"学霸"，十八岁的他以优异的成绩进入武汉大学，就读计算机系。走进大学的第一个晚上雷军就去上自习，后来每天早上七点钟去教室占座位，总要坐在最好的位置上听课。他甚至利用午睡的时间来完成自己制定好的学习计划。这样做的结果就是：他快速学习到了知识，只用两年便读完了别人四年才能读完的课程，并且几乎包揽了学校所有的奖学金项目。
>
> 而后，就是他将知识转化为生产力的锻炼过程。雷军不满足于校园生活，通过课外的实践活动，成为武汉电子一条街上的"红人"，各家计算机公司有任何技术难题都找他帮忙。这都为他的职业生涯和后期的创业奠定了坚实的基础。

从雷军的故事我们看到专业能力的重要。专业能力在于学习，在于参与，更在于实践。这就是著名的"70∶20∶10法则"（图7-1）。它最早由摩根·麦考尔（Morgan McCall）、罗伯特·艾辛格（Robert W. Eichinger）和迈克尔·伦巴多（Michael M. Lombardo）提出，他们认为：人的成长70%来源于实践，即现实生活与工作的经验、任务与问题解决；20%来源于人与人之间的正式或非正式反馈、辅导或者教练；10%来源于正式的课程教育。回想一下你掌握的技能、培养的能力，有多少是通过上课直接习得的，有多少是通过与他人交流和学习而领悟的，又有多少是在不断练习和实践中总结而得来的？答案不言而喻。

正如宋代陆游所言，"纸上得来终觉浅，绝知此事要躬行"。课堂学习的知识，需要经过不断的消化、实践，最终才能转化为我们的能力。在学习、生活和工作中，我们要注意平衡学习、参与和实践这三者的精力，"真刀实枪"远胜于"纸上谈兵"。

在人生的每一个阶段，我们都要永葆赤子之心，积极探索，不断提升个人专业能力，从而提高自身的先进性和竞争力。

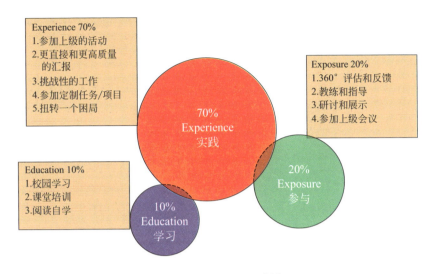

图 7-1　70：20：10 法则

(2) 领导力发展

领导力是什么？有的人会认为只有领导者才需要领导力，或认为学习领导力是为了做领导者。实际上，不是人人都能当领导，但是人人都可以拥有领导力。

领导力是一种能影响他人的能力。想象一下，如果你作为领导，当看到一个团队成员打字特别慢，你会说"走开，我来打"吗？具备良好领导力的领导会选择继续让他打字，但是却能够同时激发他想要把字打得更快的热情；你布置给成员一个任务，如果他做的你不是很满意，你会说"不行，我来做"吗？具备良好领导力的领导会选择充分沟通，达成双方共同的愿景，从而激发成员发自内心不遗余力地将任务完成。

在日常的学习、生活和工作中，我们都会与周围人有所关联，乃至影响周围的人。我们经常会被分配到一些需要合作的任务，如何和身边的小伙伴真正成为一个"团队"，而不是"团伙"，这非常重要。"团伙"一般各自为政，而"团队"具有每个人都形成一致目标、达成充分共识的特点。让"团队"中的每个人劲往一处使，高效合作，高质量地完成任务，就是领导力需要发挥的作用。

进入到社会之后，我们会发现很多事情、很多项目不是靠单打独斗能完成的，一个人的力量非常有限，而团队的力量却能起到 1 加 1 大于 2 的效果。在团队合作的过程中，领导力的践行是必备的核心技能。一个具备高度领导力的团队，往往会被称赞为"能成事、靠谱"的团队。在高质量的团队中，卓越的领导力会使大家达成一个共同的愿景，这个愿景是非常鼓舞人心的，从而促使全员共同努力奋斗，将团队愿景转化为现实。

那么，如何发展自己的领导力呢？领导力的涵盖面非常广泛，包括思维、观念、沟通、学习、演讲、问题解决、自我管理等，需要通过一系列领导力行为，赋予每位成员高度的驱动力，达成每位成员的发展，交付高质量的团队成果。领导力的发展既需要不断学习，也需要不断实践。在这里推荐几本关于领导力的书籍（表7-1），供大家参考学习。

表7-1 关于领导力的书籍

书名	作者	主要观点
《领袖》	詹姆斯·麦格雷戈·伯恩斯	领导力使领导者激发追随者去追寻领导者和追随者共同的目标
《领导者》	沃伦·本尼斯	管理者正确地做事，领导者做正确的事
《4D卓越团队》	查理·佩勒林	从美国宇航局哈勃望远镜项目的失败中总结出的领导力体系
《第五项修炼》	彼得·圣吉	阐述学习型组织的五项修炼，以及作为领导者的三个角色：设计师、老师和仆人

领导力是动态的，是随着人际关系的变化而变化的。领导力的发展并不能一蹴而就，我们从关于领导力的书籍中学习的是知识，而要将知识转化成我们的能力，关键在于实践。

在实践的道路上，良好习惯的形成是发展领导力的重要因素之一。习惯会影响我们的思维，促成我们的行动。所谓"养成习惯"，就是重复某动作，直到越来越不需要意志力，甚至无意识地自动化。许多人的成功看起来毫不费力，但背后往往就是他习惯的养成。英国唯物主义哲学家培根，一生成就斐然，在谈到习惯时，他深有感触地说："习惯真是一种顽强而巨大的力量，它可以主宰人的一生。因此，人应该通过学习培养一种良好的习惯。"培养好的习惯，会循序渐进地帮助你提升领导能力，掌握自己的人生。

大学是践行领导力的绝佳平台——每个同学来自不同的地方，有着不同的目标，却聚在同一片土地，贡献同样的时光。在校园生活中，你是否能够做到与周围的同学融洽相处，通过人与人的互动合作来达成共同的目标呢？

我们可以在日常学习和生活中多去运用和锻炼领导力,将领导力施展在不同的对象身上,包括同学、老师、家人、朋友等,在互相成就的同时,提升自己的领导力水平;要善于利用学校的平台,多去参选如班长、团支书、学生会干部等角色,在各种各样的团队之间,通过发挥领导力,赢得共同的收获。

7.3.3 终身成长的思维

除了要认识到能力发展的重要性,我们也要重视能力发展的可持续性。每个人每一天都在成长,真正做到"活到老,学到老"并不容易。所谓"思路决定出路",首先要做到的,就是改变思维。

斯坦福大学心理学教授卡罗尔·德韦克(Carol S. Dweck)的著作《终身成长》中的思维模式——成长型思维被广泛推崇,"放下对一切事物的是非判断,真正从成长的角度看待问题、解决问题"。书中介绍了两种不同的思维模式(图7-2),一种是成长型思维——认为人的能力可以培养,虽然每个人的先天才能、资质、性格各有不同,但其能力都可以通过努力和经历来改变;另一种是固定型思维——认为人的才能一成不变,这让人们时刻想证明自己的智力、个性、特征和价值,他们会把发生的事当作衡量能力和价值的直接标尺。

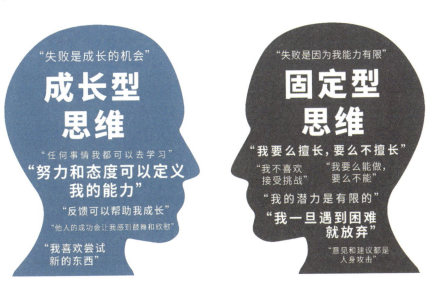

图 7-2 成长型思维和固定型思维

这两种思维每个人都兼而有之，如果能够激发自己对于成长型思维的认知，并刻意地训练自己，用成长型思维来面对学习、生活、工作，相信所有的挑战、挫折、成功、失败都是成长的机遇，就会助力成就更好的自己。为此，我们要做的是"放下对一切事物的判断，从帮助你成长的角度去深入思考"。

在求学生涯中，你一定经历过这样的场景：每次考试成绩一出来，就去查看成绩排名，只要排名满意，就会洋洋自得（哪怕成绩刚过及格线）；如果发现排名并不理想，就会失望灰心，觉得自己就算努力了也没有用，见到别人的成功，甚至会产生妒忌心理。以上两种思维均属于固定型思维。与之相对应的，如果是成长型思维的人，就会关注自己到底犯了哪些错误，反问自己下次怎样可以做得更好，认为失败能够使自己进步。这两种思维模式直接导致了人们不同的行为，具有成长型思维的人能够客观评价自己，而不急于证明自己；在挫折面前看到的是如何找到机会从而获得提升，而不是给自己贴上标签；不担心在别人面前暴露自己的努力，不一心想要证明自己天赋非凡。因此，成长型的思维模式可以帮助人发展能力、取得成就。无论处于人生的哪一个阶段，成长型思维的人总能够得到更多的发展和机会，走得更远更好。

奥运冠军侯斌的故事

2008年北京残疾人奥林匹克运动会开幕式的点火环节，由中国残疾人田径运动员侯斌完成。他拉紧从天而降的绳索，凭借着手臂的力量让火炬、自己和轮椅攀升到主火炬台点火的位置，点燃了熊熊圣火，其坚强和坚持的精神令人感动和惊喜。侯斌以这样一种震撼人心的方式，诠释着残奥会的价值理念，诠释着坚毅与勇敢的精神，让全世界为之动容。

侯斌1975年出生于黑龙江佳木斯市，在他9岁时，因火车意外事故失去了左腿。后来他到当地一家福利厂打工，听说有残疾运动员跳高运动，他便开始尝试。每天完成工厂工作，等大家下班后，他开始练习跳高。后来在他人的帮助下，他离开福利厂去体校学习并进行跳高训练。

19岁时，他只能跳1.55米高。经一位专业教练的偶然指点，他大胆改变跳高的方式，经过"冬练三九，夏练三伏"的艰苦训练，成绩有了起色。在1996年亚特兰大残奥会田径场上，他跃过1.92米、打破世界纪录的瞬间，让整个世界为之震撼。2000年悉尼和2004年雅典残奥会上,他都获得了跳高金牌,让坚强不屈的人类精神传遍世界。

2008年1月24日,侯斌成为国际残奥委会推出的首位国际残奥大使。侯斌表示"我想更多地宣传残疾人体育精神,让更多人了解残疾人"。

在跳高取得金牌的同时,他还在学业上不断实现突破。1999年他从哈尔滨体育学院毕业,后调入厦门市残疾人联合会康复中心工作。2003年,报考厦门大学学习新闻传播专业,成为我国第一批上大学的残疾人运动员。2009年,他在厦门大学继续攻读EMBA(高级管理人员工商管理硕士),成为全国第一个读EMBA的残疾人。

大学期间,侯斌就开始学习演讲,并进行大量的演讲训练。2019年一次公益演讲中,他用演讲的方式告诉人们:在人生路上,要勇敢面对挑战,只要意志坚定、一往无前,胜利一定属于你!

侯斌的故事和经历完美地诠释了成长型思维的模式,告诉我们,不要被自己的思维所限制,人生有无限可能。

7.3.4 改变世界,从改变自己开始

互联网上有这样一则传闻:坐落于英国首都伦敦泰晤士河畔的威斯敏斯特大教堂内埋葬着一些著名政治家、科学家、军事家、文学家,其中有丘吉尔、牛顿、达尔文、狄更斯、布朗宁、霍金等人。教堂地下室的墓碑林中树立着一座无名墓碑,这块墓碑上没有姓名,没有生卒年月,甚至上面连墓主的介绍也没有,只刻着一段发人深省的文字:

When I was young and free and my imagination had no limits, I dreamed of changing the world.

As I grew older and wiser, I discovered the world would not change, so I shortened my sights somewhat and decided to change only my country. But it, too, seemed immovable.

As I grew into my twilight years, in one last desperate attempt, I settled for changing only my family, those closest to me, but alas, they would have none of it.

And now, as I lie on my deathbed, I suddenly realize: If I had only changed myself first, then by example I would have changed my family.

From their inspiration and encouragement, I would then have been able to better my country, and who knows, I may have even changed the world.

译文：

余初出茅庐，志存高远，冀为天地立心。

待而立之年，方知其艰，择安邦定国以次之，终未及也。

乃至皓首，万念俱灰，惟望严明家训，然此亦不得矣。

噫吁哉，今之将死，方顿悟之，余当正心诚意，以修吾身。

所谓心正而后身修，身修而后家齐，家齐而后国治，国治而后天下平。

据说，许多政要和名人看了碑文都感慨不已。年轻的曼德拉读了这段碑文后如醍醐灌顶一般，认为找到了改变南非，甚至改变世界的金钥匙。回到南非后，他放弃了以暴力抗争来打破种族歧视的观念，改变了自己的处事风格和思想，进而改变了自己的家庭、亲人和朋友，经过几十年的奋斗，终于改变了南非这个国家，也影响了世界的格局。

且不论这个故事的真伪，其传达给人们的"改变自己"的力量，依旧发人深省。回到本章，我们在经过人生发展的"灵魂三问"后，找到了自己的目标，认识到时代对能力发展的要求。归根结底，要实现高质量的人生，还需要从"自己"出发，去付诸实践和行动。

"不积跬步，无以至千里；不积小流，无以成江海。"改变自己，可以先从一个可达成的小目标开始，从一个小习惯的养成开始，每天做出一点小的改变。

就像那个非常有名的段子：$1.01^{365} \approx 37.8$，$0.99^{365} \approx 0.03$。

哪怕每天只进步一点点，一年下来，你的收获就会超过原来的 37 倍；而一旦每天懈怠一点点，一年以后，最终得到的还不到原来的 3%。

"千里之行，始于足下"，切莫空想，从点滴做起，要读万卷书，行万里路，做到不断努力，终身成长。

在人生崭新的起跑线上，祝你成就高质量的人生！

 **推荐书目**

《终身成长》卡罗尔·德韦克

《4D卓越团队》查理·佩勒林

推荐视频

1. 哔哩哔哩：什么是成长型思维，如何培养成长型思维？
思考：请写下你近期遇到的"负能量"，然后用成长型思维进行反转。
2. 哔哩哔哩：第 89 届奥斯卡最佳动画短片《鹬》。
思考：视频内容对你有什么启发？

课后思考

1. 你对"VUCA 时代"的看法是什么？
2. 针对成长型思维和固定型思维，请从日常生活中各举一例进行说明。

参 考 文 献

［1］习近平. 在纪念五四运动 100 周年大会上的讲话［R/OL］. 2019-04-30［2022-01-10］. http：//www.xinhuanet.com/politics/leaders/2019-04-30/c_1124440193.htm.
［2］刘俊振. 在 VUCA 时代，人力资源管理如何进化［J］. 清华管理评论，2015（10）：36-42.
［3］胡以贵. 雷军：创业没有时间表［M］. 北京：中国财政经济出版社，2014.
［4］吉颖新. 戴尔的 70-20-10 学习法则［J］. 中国市场. 2009（16）：60.
［5］叶阿次. 领导力，每个人都需要的能力［J］. 中外管理. 2011（9）：76-77.

笔记

笔记

笔记